rororo

Zu diesem Buch

Schon wieder die Falsche?

Dieser spritzige, witzige und an manchen Stellen ironisch-bissige Guide wendet sich an all jene Männer, die nicht wissen, warum sie immer an die falschen Frauen geraten, noch keine Partnerin gefunden haben, unglücklich mit einer Frau sind oder waren oder sich auf dem besten Wege befinden, es schon wieder zu werden. Frauen sind eben anders! Dies ist an sich ein Männerbuch, doch neugierige Frauen werden es gerade deswegen lesen und verschenken.

Die Autorin

Astrid-Christina Richtsfeld, geboren 1963, studierte Anglistik, Romanistik und Biologie, nach Studienabschluss staatliche Anerkennung als Kunstmalerin. Zahlreiche Literaturpreise. Lebt als freiberufliche Autorin, Malerin und Journalistin in Salzburg und schreibt u. a. regelmäßig Artikel und Kolumnen für *Men's Health*. Bisher bei *Rowohlt* erschienen: «*So macht Mann brave Mädchen wild*» (rororo sachbuch Nr. 60680).

Men's Health

Astrid-Christina Richtsfeld

Bei der nächsten Frau wird alles anders

Was Männer sich sparen können

Rowohlt Taschenbuch Verlag

Lektorat Katrin Helmstedt

Originalausgabe
Veröffentlicht im Rowohlt Taschenbuch Verlag GmbH,
Reinbek bei Hamburg, März 2001

Redaktion Annette Gillich
Umschlaggestaltung Barbara Thoben
(Fotos: Picture Press / Frank P. Wartenberg)
Typographie Karen Kollmetz
Satz Concorde und Letter Gothic MT auf QuarkXPress 4.1
Gesamtherstellung Clausen & Bosse, Leck
Printed in Germany
ISBN 3 499 61116 3

Die Schreibweise entspricht den Regeln
der neuen Rechtschreibung.

Inhalt

«Grundsätzliches»

Wozu brauchen Sie überhaupt eine Frau? – EINE SEXLOS NÜCHTERNE BETRACHTUNG

Natürlich ist es weder originell noch charmant, eine derartige Frage zu stellen, doch in Hinblick auf die Aufhebung der Geschlechter und anderer Sexvisionen wirkt sie fast kindlich. Noch dazu, wenn Sie sich lediglich dazu ermuntert fühlen sollen, Ihre Sehnsucht nach einer Frau ein wenig zu überdenken. Vielleicht sind Sie nur neugierig, vielleicht folgen Sie einfach den Konventionen, und möglicherweise ist es gar kein weibliches Wesen, das Ihnen Herz und Sinn erfreuen wird?

Versuchen Sie einmal jeglichen Geschlechtstrieb und Gesellschaftszwang beiseite zu lassen und sich ganz nüchtern den folgenden Überlegungen zu widmen:

Neugier und Faszination

Was reizt Sie am Wesen der Frau? Sind Sie schlicht neugierig auf die Andersartigkeit, den hübschen Körperbau mit lustigen Details, die Stimmlage, die Anmut der Bewegungen (im Normalfall), die zarte Haut, den Duft, den schnellen Fluss der Tränen?

Oder glauben Sie an ihr Geheimnis und brennen darauf, in die Tiefen der weiblichen Seele einzutauchen? Sie können sich schon die ersten Enttäuschungen ersparen, wenn Sie wissen, dass sich hinter dem Geheimnis der Frauen nur deren Schwachpunkte verbergen. Und die wollen Sie erforschen?

Bequemlichkeit

Der ewige Traum von der Krankenschwester lässt Männer reihenweise in unnötige Beziehungen stolpern. Niemand macht gern Haushaltsarbeit nach einem harten Tag im Büro, und freilich ist es viel gemütlicher, eine Frau daheim zu haben, als jede Nacht um die Häuser zu streifen auf der Suche nach Nahrung und Zärtlichkeit. Im Grippefall einen Tee serviert und ein Thermometer in den Po gesteckt zu kriegen, malen sich manche Männer als Himmel auf Erden aus. Alles schön und gut, aber die Sehnsucht nach dem Gitterbett sollte Sie nicht in eine Partnerschaft treiben. Und überhaupt können Sie das alles auch bei Mama haben – ohne Bedingungen!

Einsamkeit – Frau als Lebensinhalt

Wenn Sie wirklich einsam sind, nützt Ihnen eine Frau auch nichts. Im Gegenteil. Sie werden beide unglücklich. Tiefe, innere Einsamkeit löst sich durch die Nähe einer Frau keineswegs in Luft auf. Nur wer mit sich selbst auch völlig allein zurechtkommt und eine Partnerin höchstens als Bereicherung seines Lebens, nicht aber als Lebensinhalt sieht, kann ein guter Partner sein. Alles andere birgt den fatalen Keim der Abhängigkeit in sich. Im Einsamkeitsfall sollten Sie zuerst lieber an einen vierbeinigen Gefährten denken – oder an ein paar richtige Freunde.

Eine Frau als Freund und Berater

Wenn Sie im Grunde einen Freund suchen, denken Sie bitte nicht sofort an eine Frau, weil die ins gesellschaftliche Konzept passen würde. Frauen eignen sich nur in Ausnahmefällen tatsächlich als gute Freunde und Berater, besonders in einer Beziehung, denn dumme Frauen sind teuflisch anstrengend, intelligente erst recht. Als Gesprächspartner haben Sie folglich die Wahl zwischen Küchentratsch und Konversation mit eingebauten Psychofallen. Wollen Sie wirklich wissen, wie glücklich Sie bei einem Bier mit Freunden sind, und das Gegenteil ausprobieren?

Kinder

Die Vermehrungsfrage ist zweifelsohne ein schwer wiegendes Argument für eine Frau. Wenn es Ihnen allerdings lediglich darum geht, Ihr Erbgut weiterzugeben, sollten Sie ein bisschen «biologischer» denken und sich nicht auf eine einzige Frau beschränken …
Und jemand, der Kinder haben und aufwachsen sehen möchte, könnte die Sache in Zukunft auch schon eleganter lösen – ohne lästige Leihmutter. Bis dahin sollten Sie lieber keine Testreihen zur Zeugung eines Sohnemanns durchführen, wenn Ihnen jener wichtiger ist als die zugehörige Frau.

Optik – Was lockt am Weib?

Frauen in der Paarungszeit, sind ein besonders hübscher Anblick, da sie wirklich jedes Mittel einsetzen, um die Konkurrenz auszustechen. Und was über so manchen Laufsteg schwebt, dürfte Neuguineas Paradiesvögel neidisch machen, die doch ihr Leben der Eleganz und Werbung gewidmet haben. Frauen können überwältigend schön sein. Aber was nützt Ihnen der ganze Zauber? Wenn es allein die weibliche Schönheit ist, die Sie brauchen, werden Sie bald feststellen, dass Ihnen die Natur jeden Tag eine andere Variante liefern kann und Sie gezwungenermaßen zum «Konsumtrottel» werden.

Der Zärtlichkeitsmythos

Sehnen Sie sich nach weichen Berührungen, Liebkosungen feinster Art, einem warmen, anschmiegsamen Körper? Hm. Sind Sie sicher, dass Sie eine Frau meinen und keine Katze? Deren Schmusetechnik wird nämlich von keiner Frau übertroffen, egal wie berühmt die Märchen über weibliche Zärtlichkeit sein mögen. Wenn Ihnen also mit Massagen und anderen körperlichen Wohltaten geholfen wäre, sind Sie mit einem Masseur, einer Ayurveda-Kur oder eben einer sensiblen Samtpfote fast besser dran. Katzenlaunen sind auch leichter zu ertragen …

Spaß zu zweit

Sie werden doch nicht ernsthaft annehmen, dass Sie mit einer Frau auf Ihrem Ausflug in die Wildnis mehr Spaß haben als mit Ihren besten Freunden? Wenn Sie sich mit einer Frau tatsächlich besser amüsieren, liegt das mit höchster Wahrscheinlichkeit an dem Umstand, dass Sie sich in der Werbungsphase und unter dem Einfluss starker Endorphine befinden. Und hier ist nicht von Sex die Rede.

Der Kostenfaktor

Insofern Sie sich darüber ärgern, was Sie für die Reinigung Ihrer Hemden bezahlen und fürs Essen im Restaurant hinblättern, dürfen Sie nicht dem Irrtum erliegen, dass Sie eine Partnerschaft günstiger käme (all inclusive, wie Sie vermutlich denken), und den positiven Recheneindruck aus WG-Tagen übernehmen: In einer Partnerschaft werden Sie mehr Geld brauchen, als Sie glauben. Ihre Frau ist immer die Teuerste – als Putzfrau, Köchin oder Geliebte.

Häusliches Glück – Die trügerische Idylle

Stellen Sie sich das schön vor? Das Nachhausekommen, den Kuss der Gattin, die jubelnden Kinder, den Duft des Abendessens? Das macht sich gut – in der Werbung, die dauert nur einige Sekunden. Die Wirklichkeit lässt nicht viel übrig von der eitlen Wonne, denn die Zubereitung des Abendessens im Beisein der jubelnden Kinder wird einer Frau den letzten Nerv kosten, womit der Begrüßungskuss eher flüchtig ausfallen dürfte. Für die Idylle des trauten Heims brauchen Sie natürlich eine Frau, aber auch besonders viel Verständnis und (Katastrophen-)Humor. Ansonsten denken Sie lieber dran, dass es auf Dauer nur einen gibt, der Sie tagtäglich freudig begrüßt: Ihr Freund mit dem wedelnden Schwanz.

Zum Schluss wäre noch anzumerken, dass kaum ein Vorsatz schneller zunichte wird als der künftige Verzicht auf eine Frau – der Wahlspruch der frisch Geschiedenen und schwer Enttäuschten.
Von nun an sollten Sie sich freilich von Lust und Liebe leiten lassen – und den folgenden gut gemeinten Ratschlägen.

«Mythos Frau»

«Weiberlatein» – PMS UND ANDERE MÄRCHEN ÜBER DEN WEIBLICHEN KÖRPER

Als würden sie ein verzweifeltes «Rebirthing» versuchen und zurück in die finstere Höhle der Vagina kriechen, tappen anscheinend sogar Wissenschafter beim Thema «Frau» im Dunkeln. Da zerbrechen sie sich doch immer noch die Köpfe über die weibliche Ejakulation, die andersartige Schmerzempfindlichkeit der Frau und über ein paar Spezialitäten, die das Gehirn betreffen, und kommen vielleicht irgendwann auf die Idee, dass Männer genetisch den Schimpansen näher stehen könnten als der Frau.
Das Wesen der Frau führt wissbegierige Menschen schon seit undenklichen Zeiten an den Rand der geistigen Belastbarkeit, und wieder und wieder fallen Männer auf Mythen und Märchen herein, die ihnen entweder die Mütter, Großmütter und Partnerinnen auftischen oder die sie – viel schlimmer – selbst kreieren.
Und Frauen halten sich verständlicherweise sehr zurück, wenn es um die Zerstörung ihres Nimbus geht. Warum finden sich so wenige Frauen in der Wissenschaft, die sie betrifft? Ist es wirklich die männliche Vormacht mit allen akademischen Schikanen, die weibliche Anthropologen, Humanbiologen, Hormonspezialisten etc. und auch Gynäkologen rar erscheinen lässt? Aber dürfen böse Menschen fragen: «Finden Frauen Frauen fad? Oder lassen sie Männer lieber allein, wenn sie ihnen auf die Schliche kommen?»

PMS

Jedenfalls haben die meisten Frauen sauer darauf reagiert, wenn ihnen vonseiten der Männer ihre Launenhaftigkeit vor und während der Periode vorgeworfen wurde, doch das «Prämenstruelle Syndrom», kurz PMS, hat «frau» recht gern von der Wissenschaft entgegengenommen, schließlich ist es ein vielfältig einsetzbarer medizinischer Begriff von erstaunlichem Nutzen, wenn gerade die Unlust zu bestimmten Tätigkeiten mit dem Nahen der Periode zusammenfällt. Nicht etwa, dass hier den armen Frauen, die sich vor

Bauch- und Kopfschmerzen krümmen, die Hypochondrie unterstellt würde, keineswegs! Männer sollten über jene Schmerzen ebenso gut Bescheid wissen wie über die Tatsache, dass Frauen mit einer wenig verkrampften Lebenseinstellung (und Spaß am Sex) seltener an PMS leiden. Lassen Sie sich als Turnlehrer nicht reihenweise von blassen und entsetzlich dreinblickenden Mädchen veräppeln, die vor lauter Regelschmerzen keinen Ball hochheben können, aber in den Ferien unter gleichen Umständen steile Wände bezwingen, wilde Wasserspiele treiben und dicke Pferde mit den Schenkeln in den Galopp klopfen! Viele Sportlerinnen sind sogar besonders erfolgreich, wenn ein bisschen Blut tropft, und die Hormone würden das Leistungshoch durchaus erklären. Doch Männer sind manchmal richtig froh über das medizinische Kürzel, das ihnen hilft, eine Entschuldigung für die Kratzbürstigkeit ihrer Liebsten parat zu haben. Müssten sie sich doch vor sich selbst genieren, ein Wesen anzuhimmeln, das aus der Haut fahren kann, nur weil der Busen zwickt – oder das enge Kleid. Frauen verbluten nicht, sterben auch nicht gleich an Anämie, und des Öfteren kommt es bei den furchtbarsten Kopfschmerzen zu «Spontanheilungen», z. B. wenn die beste Freundin anruft, eine Lieblingsserie im Fernsehen beginnt oder der Mann das Zimmer verlässt …

Schmerzempfindlichkeit

Die unterschiedliche Reaktion auf Schmerzen ist bei Frauen wirklich bemerkenswert. Sie können Riemchen-Stilettos so lange an den Füßen tragen, bis das Blut hervorquillt (Rucke-di-gu!), Korsetts täglich enger schnüren, bis die Leber sich eine andere Bleibe sucht, die Haare an Stellen ausreißen, die mit Nervenenden gespickt sind, freiwillig Operationen beantragen, die schwere Blutergüsse und Schmerzen wie nach einem Autounfall mit sich bringen, etc. etc. Manch eine holt mit bloßen Händen Kartoffeln aus kochendem Wasser, und wieder andere quälen sich lebenslang mit freundlichen Kerlen, die ihnen allwöchentlich blaue Augen und heiße Ohren verpassen. Kein Muckser. Kein Jammern. Erschreckende Tapferkeit oder eben Schmerzen, die Frauen nicht sonderlich tangieren? Ist bei Frauen der Stolz derart mächtig, dass er als Morphiumpumpe fungiert bzw. den Intellekt eintrübt? Ist die weibliche Psyche höher entwickelt als die männliche und lässt den Körper immun gegen Schmerzen werden, gerade wenn's gelegen kommt?

Frauen ganz allein und unter enormem psychischem Druck, wie es bei heimlichen Geburten der Fall ist, können auf einer Toilette nahezu lautlos ein Kind gebären, während sie im Beisein der Väter ein Nerven zerfetzendes Spektakel abliefern, das auch noch regionale Varianten kennt (andere Länder, andere Klänge). Haben Sie je erlebt, wie ein Friseur eine Dame malträtieren darf, ohne dass sie zu lächeln oder zu tratschen aufhört? Aber wehe, Sie erwischen einmal versehentlich die Haarsträhne Ihrer Liebsten und ziehen daran! Man wäre fast versucht zu glauben, die weibliche Schmerzempfindlichkeit hätte etwas mit der Quantität und Qualität der anwesenden Personen zu tun, genauer: mit der Art des Eindrucks, den die Damen auf jene Person(en) machen möchten.

Empfindsamkeit

Nicht minder seltsam verhält es sich mit der Empfindsamkeit der Frauen, die den größten Anteil an weiblichen Mythen trägt. Noch immer lassen sich Männer vom Trugbild des femininen Feingefühls zu überaus törichten Handlungen verleiten, weil Männer nur zu gern an das Gute glauben – wie eben Kinder, denen die Mama zeitlebens heilig bleibt. Mit welcher Hingabe lauschen sie Erzählungen von Seelennöten, die sich bei näherer Betrachtung als taktischer Schwindel erweisen! Wie fürsorglich halten sie von ihren Herzallerliebsten Dinge fern, die eine Nervenkrise provozieren könnten, und stecken bis zum eigenen Herzinfarkt die Probleme weg, die ihnen die Zartbesaiteten beim Abendbrot servieren. Frauen sind den Männern im Krisenmanagement eine Nasenlänge voraus, indem sie sich an die Geheimwaffen des Säuglingsalters erinnern und mit Panikattacken, Heulkrämpfen und Ess-Störungen operieren, sobald ihnen der Alltag entweder zu wenig echte Abenteuer oder zu viel Eigenständigkeit zumutet. Frauen und Babys wissen, dass man hinter einer Pfirsichhaut niemals eine harte Nuss erwartet ... Wer aber nur ein bisschen Einblick in die Hackordnung weiblicher Gesellschaften hat, begreift, dass Psychoterror und seelische Grausamkeit die Disziplinen echter Damen sind. Es bedarf schon eines gut gepolsterten Nervenkostüms, um die langwierigen Intrigen auszuhalten, die bei vielen Frauen an der Tagesordnung sind. Was einem Mann nach zwei Sätzen sinnlos erscheint – etwa die sonntäglichen Telefondebatten mit weiblichen Familienmitgliedern –, wird für nicht wenige Frauen zum Lebensinhalt.

Besonderes Feingefühl zeigen Frauen dann, wenn Beziehungen zu Bruch gehen. Noch größeres, wenn die Klärung materieller Dinge anfällt. Da werden fehlende Orgasmen wie Trumpfkarten gezückt und Kopfrechnungen angestellt, die einen Computer abstürzen lassen. Zwischen zwei Küssen folgt der Schlag in die Magengrube. Und welchem Mann klingen nicht noch die Abschiedsworte in den Ohren, die ihn mit Fürsorglichkeit betäubt und wenig später vernichtet haben? «Es ist besser für dich, wenn ich gehe, Cheri. Was du brauchst, ist eine Altenpflegerin.» Frauen, die gelernt haben, auf die Verletzlichkeit der Männer gerade in intimen Dingen zu achten, erzählen am nächsten Tag am Telefon – mit dem Mann in Hörweite –, wie toll sie den «Versager» weggesteckt bzw. weggeblasen haben. Männern, die unerschütterlich daran glauben, dass Frauen tief in die Seele blicken, heimliche Wünsche und Sorgen aus den Augen lesen und schützend ihre Engelsflügel über alte Wunden breiten, sollten um ihrer psychischen Gesundheit willen dem romantischen Ideal weiter huldigen. Es hat keinen Zweck, ihnen zu sagen, dass Frauen nur so weit in Männerseelen blicken wollen, wie sich darin nicht das Bild eines Schwächlings abzeichnet, und nur so gern Wünsche von den Augen ablesen, solange sie mit ihnen halbwegs konform gehen. Verletzungen interessieren dann, wenn sie der Frau zur Paraderolle als Krankenschwester verhelfen und den Weg für eine vermeintliche Abhängigkeit des Mannes bereiten. Hüten Sie sich gerade bei den Musterbeispielen männlicher Empfindsamkeitsideale (Künstlerin, Kindergärtnerin, Zebrafinkenzüchterin) vor vorschnellen Bekenntnissen seelischer Traumata! In schlechten Zeiten könnten Sie bereuen, der vogelzüchtenden Spottdrossel ihre Versagensängste geschildert zu haben («Na, Zwergspatzi ...»).

Weibliche Intuition

Eng verwandt mit dem Mythos der Empfindsamkeit ist jener Aberglaube, der sich auf den angeblichen «sechsten» Sinn der Frauen bezieht. Heerscharen von Männern haben sich nach einer kleinen Verfehlung den Penis wund geschrubbt, Unterhosen im Handschuhfach verstaut oder heimlich im Waschbecken gewaschen, um dem feinen Näschen ihrer Partnerin ein Schnippchen zu schlagen. Was soll man sagen? Ein nie bewiesenes Geruchsgerücht, denn noch kriechen keine Damen anstelle von Trüffelschweinen durchs Unterholz, und unter Parfümeuren sind weibliche «Nasen» die

Ausnahme. Frauen riechen nicht besser als Männer (wie zweideutig!), sie schnüffeln höchstens mehr. Und ihr Sehvermögen unterscheidet sich keine Spur von dem der Spezies, der ein Hang zum Voyeurismus nachgesagt wird. Der sechste Sinn der Frauen ist der Schwachsinn der Männer, die sich für einen Seitensprung nach Jahrzehnten neue Unterhemden kaufen, Hotelrechnungen im Sakko vergessen und beim Abschied so kindisch vergnügt sind, dass man ein Mann sein müsste, um die Verwandlung nicht zu bemerken. Die vermeintliche weibliche Intuition nährt sich von der Neigung der meisten Frauen, sich Dinge zu merken, die einen Mann nicht sonderlich interessieren, wie Namen flüchtiger Bekannter, Kleider, Essgewohnheiten, Daten etc. Das Tratsch-, Lügen- und Intrigentraining fördert derlei Fähigkeiten. Frauen können stundenlang darüber nachdenken, weswegen ein Mann ein grünes Hemd zu rosa Hosen trägt, während sie vorgeben, seinen Ausführungen zu Business-Themen zu lauschen. Raten Sie einmal, warum Personalchefs so häufig weiblich sind!

Weibliche Intuition hat ihren Stammplatz hinter Kristallkugeln und Tarotkarten. Wäre sie tatsächlich mehr als ein Hang zur Verhaltensforschung und Knobelei, wären nicht gar so viele Frauen auf Unterhaltszahlungen, Privatdetektive und gnädige Bankdirektoren angewiesen.

Mutterinstinkt

Das letzte traurige Märchen gilt dem Mutterinstinkt. Der mag ja bei Kaninchen und Feldhasen recht ausgeprägt sein, für menschliche Mütter darf man ihn jedoch nicht voraussetzen. Viele Männer glauben freilich, dass mit der Schwangerschaft ein Urtrieb zur Brutpflege ausgelöst würde und prompt nach der Geburt ein ganzes Paket an ungeahnten Fertigkeiten parat stünde. Noch lieber verwechseln sie die Hormon- und Endorphinseligkeit der frischen Mutter mit dem ersten Zeichen des Instinktwunders. Der rote Kreisch- und Zappelwinzling kann für eine Frau so fremd sein wie ein Tiefseefisch. Und Mütter, die ihr etwas aus der Form geratenes Baby für das schönste auf der Welt halten, werden nicht vom Mutterinstinkt geleitet, sondern hatten gewiss schon vor der Schwangerschaft ein leicht getrübtes Wirklichkeitsbild. Frauen werden weder mit speziellen Wickel- und Beruhigungstaktiken geboren noch wissen sie von Haus aus, was die einzelnen Alarmrufe des Sprösslings bedeuten. Und die Liebe? Die stellt sich auch nicht zwangsläufig mit der Muttermilch ein. In manchen Fällen bleibt sie eben aus …

Ja, ja verführerisch sind sie schon, die Märchen von den zarten Geschöpfen, die nur der Schönheit und Liebe leben. Keine Frage, viele Frauen würden sicher gern nichts anderes tun als ein bisschen tanzen, singen, musizieren, kuscheln und sich dann frisieren. Aber seit Eva den Fehlgriff bei der Obsternte tat und zur «Lucy» im herben Afrika wurde, müssen Frauen gröbere Überlebensstrategien an den Tag legen.

Dabei sind sie so erfolgreich, dass manchem Forscher das Grausen kommen müsste und Evolutionsbiologen mutmaßen könnten, das Y-Chromosom sei ein blöder Gen-Defekt, den «frau» auszubügeln versucht. Aber es ist noch ein weiter Weg bis zu den Echsen in Arizonas Wüste, die gänzlich männerlos ein fideles Dasein fristen und ein wenig an die Witwen erinnern, die in ihrem Lächeln ein unübersehbares «Geschafft!» aufweisen.

Die Vögel einer Frau

Die oft zitierten Kommunikationsschwierigkeiten zwischen Männlein und Weiblein mögen schon ihren Teil zur enormen Rate an zerbrochenen Beziehungen und Ehescheidungen beitragen, doch manchmal wird schlichtweg übersehen, dass es Verhaltensweisen gibt, die für einen Mann weitaus unbegreiflicher und störender sind als etwa schlecht formulierte Imperative.

Sicher tun sich Männer schwer damit, nonverbale Mitteilungen ihrer Partnerinnen überhaupt einmal wahrzunehmen und sie darüber hinaus richtig zu interpretieren. Aber welcher Mann weiß denn schon, dass er für die Beziehung zu einer Frau ein abgeschlossenes Studium der Parapsychologie (Schwerpunkt Hellsehen und Telepathie), ein Spezialtraining «Weibliche Körper- und Gebärdensprache» und einen Lehrgang «Kindliche und außerterrestrische Logik» benötigt? Überforderte Männer schalten gern auf «Automatik», wenn die Kommunikation zu hapern beginnt, weil Frauen sich nicht gern auf dem Terrain der reinen Sachlichkeit bewegen. Geübte verwandeln Gesprächsversuche ihrer Liebsten in einen «Re-

bound» beim Basketball, und im Wesentlichen stört keinen Mann das nette Gezwitscher beim Zeitunglesen, solange es nicht den Geräuschpegel des Kanarienvogels oder des Zimmerbrunnens übersteigt.
Was hingegen Männer ordentlich zu schaffen macht, sind folgende Dinge:

Seltsame Prioritäten

Die seltsame Prioritätenreihung der meisten Frauen, die umso verwunderlicher ausfällt, je mehr Zeit eine Dame für sich in Anspruch nehmen kann. Da werden zum Beispiel mit einer Hingabe Nägel lackiert, als hinge vom perfekten Farbauftrag das Leben zahlreicher Menschen ab, während der Haus bauende Partner nach einer Hand beim Tragen japst. Manche Männer werden nie begreifen, warum Frauen ausgerechnet dann Schuhe kaufen müssen, wenn kaum Zeit zum Tanken bleibt, weshalb sie zuerst die Schwiegermutter und dann den Notarzt anrufen müssen, wenn der Partner röchelnd am Boden liegt, und warum beim alljährlichen Urlaubskofferpacken die Bücher, die eh keiner liest, oben liegen, etc. etc. Warum sind falsche Wimpern für den Dschungeltrip durch Neuguinea wichtiger als ein Survival-Kit? (Tauschhandel???) Müssen gleich nach der Ankunft Souvenirs gekauft, die besten Freundinnen per E-Mail verständigt und drei Dutzend Urlaubskarten geschrieben werden? Warum klagt eine Frau über grenzenlosen Stress und die Unmöglichkeit, zu einer vernünftigen Arbeit zu gelangen, wenn sie darauf besteht, zuerst ein fünfgängiges Menü zu kochen, bevor sie die Socken und Unterhosen bügelt, um dann endlich ein paar Minuten der Tätigkeit zu widmen, die Geld und Anerkennung bringen würde?

Modetorheiten

Doch nicht nur die vertrackten Wichtigkeiten verursachen den Männern Kopfzerbrechen. Sie werden wahrscheinlich nie begreifen, warum sich Frauen den irrwitzigsten Modetorheiten unterwerfen, sich – je nach den lustigen Einfällen einiger Männer(!) – bald zu Silikonmonstern aufblasen, bald in Gruselmarionetten verwandeln lassen, sich zu Tode hungern, die Zehen abquetschen, die Knöchel brechen, die Haare ruinieren und die Seele malträtieren. Das Schuhwerk allein gehört zu den am weitesten verbreiteten und beständigsten Instrumenten weiblicher Qual. Wie soll ein Mann verstehen, dass Frauen lieber in Highheels durch den Tiefschnee waten, als in anderem Schuhwerk kleiner und plumper zu wirken? Dass eine Dame pinkfarbene Pumps erstehen muss, für die nicht einmal Aschenputtels Stiefschwestern die passende Amputation einfallen würde, wenn daheim ohnedies nur grüne Lodenröcke hängen? Die Leichtigkeit, mit der man Frauen Modezwängen unterwerfen kann, muss böse Buben ja anstacheln, noch skurrilere Streiche auszuhecken. Frauenskelette mit Silikoneinlagen im Popo, asymmetrisch verstärkten Büsten und Haarimplantaten über dem Steiß ...

Sozialverhalten weiblich

Das weibliche Sozialverhalten gibt Männern ebenfalls einige Rätsel auf. Manche Verhaltensweisen auf diesem Gebiet führen direkt dazu, dass Männer das Weite suchen, «Weite» zuweilen im Sinn von Wüste, Abenteuerland, wo keine Zivilisationserrungenschaften die Kommunikation fördern. Welcher Mann legt schon Wert darauf, mehrmals täglich freiwillig mit Leuten zu plaudern, über die man in der nächsten Sekunde mit Beleidigungen herfällt, sprich: Wozu pflegen Frauen den Kontakt zu Freundinnen oder weiblichen Familienmitgliedern, wenn daraus nur Streit, Intrigen und wechselseitige Schuldzuweisungen resultieren? Warum telefoniert Schatzimaus am Freitagabend mit der Frau Mama, obwohl sie weiß, dass garantiert eine Bemerkung fällt, die das Wochenende zur Therapiesitzung werden lässt? Müssen Freundinnen einander ewig beweisen, dass sie die besseren Karten haben?

Was Männern am meisten zu schaffen macht, ist die weibliche Gewohnheit, familiäre, finanzielle und ganz besonders intime Details, die eigentlich allein Angelegenheiten der beiden Partner wären, in Gesprächen mit Verwandten, Freunden oder sogar Zugbekanntschaften abzuhandeln. Muss der Metzger wirklich wissen, warum Bodo noch kein Geschwisterchen hat?

Tut es wohl, dem Dorfpfarrer Sexgewohnheiten und Steuerschulden zu beichten? Männer agieren freilich nicht minder schwatzhaft, besonders wenn ein bisschen Ärger und Alkohol im Spiel sind. Aber Frauen sind doch nicht beschwipst, wenn sie ihren Freundinnen erzählen, dass sie beim Orgasmus Schluckauf bekommen, oder?

Schließlich fragen sich tausende Männer, warum Frauen Männer heiraten, die sie offensichtlich nicht wahrhaft lieben. Und mindestens ebenso viele Männer grinsen ein «Was soll's» dazu ...

Die «geilen» Roten – WAS IST DRAN?

Hat Sie Ihre Großmutter nicht vor Pippi Langstrumpf gewarnt? Diesem Prototyp eines rothaarigen Luders – anarchistisch, asozial, affenliebend – bei Neid erweckender Eigenständigkeit. Na ja, vielleicht haben Sie damals noch ein wenig mehr auf die Schneidezähne geschielt und sie mit Ihren verglichen, aber irgendwann werden Sie angefangen haben, über die Geschöpfe nachzudenken, die Mutter Natur mit Haaren ausgestattet hat, wie sie eher unter Wildtieren Verwendung finden (Eichhörnchen, Fuchs, Orang-Utan ...).
Rote sind rar, und das vermutlich nicht erst seit den Hexenprozessen. Die genetische Spielerei, die manche den Kelten zuordnen, andere als Kreuzungsprodukt stark unterschiedlicher Populationen sehen, löst seit Menschengedenken Rätsel, Bewunderung, Neid und Aberglauben aus. Vor allem deshalb, weil Rotschöpfe vom ersten Moment an so unberechenbar sind. Sie purzeln in Familien, die nichts als lauter schwarzhaarige oder brünette Mitglieder aufweisen, und bleiben oft gerade dort aus, wo sich zwei Rothaarige auf einen roten Zwerg freuen. Dieses koboldhafte Herumspringen im Gen-Pool macht jedes Rassedenken zunichte und ist allein deswegen schon verdächtig. Rothaarigkeit lässt sich nicht so einfach an Irland oder den «Nordmännern» festmachen, auch wenn in manchen Orten mit erhöhtem «Rotanteil» wie etwa in einigen italienischen Dörfern oder auf fernen pazifischen Inseln gern Langobarden oder Wikinger als legendäre Stammväter gehandelt werden. Folglich kann ein kleiner «Pumuckl» schon in der Wiege heiße Debatten über die tatsächliche Herkunft auslösen. Kein Wunder, dass sich Frauen fürchteten, aufgrund eines winzigen Rotschopfs der Untreue bezichtigt zu werden, und lieber gleich bei zauberhaften Erklärungen Zuflucht suchten. Die Knaben traf es knüppeldick – als soziale Außenseiter konnten sie nur Verlierer oder eben Helden werden –, die Mädchen hatten wenigstens die Chance, als erotischer Leckerbissen Männerherzen zu entflammen. Das hat in

allen Jahrhunderten zur raffinierten Gegenwehr der andersbeschopften Weiblichkeit geführt: «Rotblond» wurde modisches Diktat und das lästige Verwirrspiel «Echt oder nicht echt?» für die Männer angerichtet. Eine nicht geringe Schuld trifft dabei die Maler, die immer schon ein Faible für Außenseiter und Extravaganzen in sexuellen Vorlieben zeigen durften. Kaum ein Maler, der sich nicht einer rothaarigen Muse bedient(e). Das hat aber auch einen anderen Grund: Rot sieht auf Gemälden einfach prächtiger aus als Schwarz oder Blond – und lässt sich (trotz gegenteiliger Behauptungen) leichter schattieren, weil es sich aus vielen unterschiedlichen Tönen zusammensetzt. Aber geniale Maler wussten nicht nur, was auf Bildern gut kommt – sondern auch im Bett.

Der geheimnisvolle Ruf der Rothaarigen hinsichtlich ihrer Sexualität basiert auf zwei Komponenten: einerseits auf der körperlichen «Andersartigkeit», zweitens auf der psychischen Haltung, die sich aus dieser entwickelt. Das heißt in etwa, dass ein Mädchen, das sich im Kindergarten schon mit Hänseleien auseinander setzen muss, dem der Kellner grinsend ein «Pumuckl-Schnitzel» anbietet und das bei jedem Kleid zweimal nachdenken muss, ob die Farbe auch wirklich zu Haar und Haut passt, schnell erfährt, was «rothaarig» bedeutet. Spätestens bei der ersten Tanzstunde haben Pippis Schwestern nur eine Wahl: Entweder entscheiden sie sich dafür, als Galionsfigur der Schüchternen durchs Leben zu gehen, oder sie wagen bald trotzig, bald arrogant die erotische Provokation. Wem von vornherein eine magisch-animalische Sexualität unterstellt wird, der kann ja gar nicht anders als den hohen Erwartungen entsprechen, die schon beim ersten Rendezvous im Raum stehen. «Du willst eine Rote? Na, dann mach dich auf etwas gefasst!», denken nicht wenige, die keine Lust haben, als weibliche Woody Allens ständig den neugierigen Blicken auszuweichen. Schließlich hegen rothaarige Frauen sehr oft den Verdacht, dass sie nur die fehlende Trophäe auf der Abschussliste eines Erotomanen sind. Zu Recht, wie sich immer wieder zeigt.

Aber sind hell bewimperte «Schweinsäuglein» wirklich sexy? Löst ein Hinterteil, das die Sonne in grelles Rosarot gefärbt hat, besondere Phantasien aus? Verwirren Sommersprossen, die den Winter überstehen, den Geist des Betrachters wie eine grobe Bildauflösung? Was machen die Roten denn im Bett, das Männer seit Jahrhunderten fasziniert?

Rothaarige sind – arm. Die Sonne, die ihren schönsten Schmuck, das Haar, so herrlich leuchten lässt, dass es einem Maler Aug' und Herz zerreißen könnte, diese Sonne ist der Roten größter Feind. Mit der Farbenpracht des Haares geht nämlich eine schier unglaubliche Blässe, Feinheit und Sensibilität der Haut einher. Letzteres freilich erklärt manch erotisches Rätsel: Die Haut spielt eine Hauptrolle bei der sexuellen Erregung. Rothaarige dürften also einen diesbezüglichen Vorteil genießen. Der Nachteil, der aber vielleicht noch wesentlicher zum erotischen Reiz der Rotschöpfe beiträgt, liegt darin, dass sich Rothaarige in ihrer Nacktheit viel schutzloser fühlen als andere. Die helle Haut kaschiert nicht den geringsten Makel, jeder Anflug einer Rötung wird sofort sichtbar. Das freilich macht es dem männlichen Betrachter leicht, sexuelle Erregung zu erkennen, noch dazu, wenn der Fülle des Haupthaares ein jämmerliches Büschel im Schambereich gegenübersteht, das mehr offen legt als bedeckt. Die Haut, nicht geschaffen für tropische Verhältnisse, zeichnet sich durch kleine Poren und einen lichten Flaum aus. Beinrasuren erübrigen sich häufig, was Männern das Gefühl erspart, mit einem Borstenvieh das Bett zu teilen. Rothaarige können sich noch so forsch und verrucht gebärden, sobald sie nackt sind, haben sie etwas Hilflos-Unschuldiges an sich. Sie wirken tatsächlich wie exotische Tiere, die sich lieber verstecken. Kleine Waldgiraffen. Kein Wunder, dass Männer wenigstens beim ersten Anblick verblüfft sind von ihrem menschlichen Okapi. Und da dem Mann nachgesagt wird, mehr auf visuelle Reize angewiesen zu sein, kann man sich ausdenken, wie viel er zu staunen hat. Immerhin gibt es Rot in zahllosen Schattierungen von Honig, Bernstein, Haselnuss bis Kalbsgulasch und Rosskastanie … Manchmal liefert Mutter Natur anstelle der serienmäßigen «Schweinsäuglein» Katzen- oder Kirschaugen mit dunklen Wimpern und spritzt nur ein paar Sommersprossen auf die Nase. Und ganz banal: Rot ist die Brunftfarbe schlechthin.

Geschminkt sehen die Rothaarigen schneller als alle anderen übertrieben angepinselt aus, weil der Kontrast zwischen der Blässe der Haut und der Intensität der Haarfarbe nur wenig Zusatzbetonung erlaubt und Rouge und Make-up in einem Sommersprossenmeer untergehen. Dieser Umstand prägt das Bild von der Natürlichkeit der Roten, die immer die Sonne in den Haaren zu haben scheinen und Freiheit, Wildheit bis hin zum Animalischen verkörpern.

Ob es an der dünnen Haut, der schlechten Hitzeverträglichkeit oder

den Metalleinlagerungen im Haar liegt, dass Rothaarige tatsächlich sehr oft mit heftigem Temperament reagieren, oder ob der lange Kampf als Außenseiter daran schuld ist, kann niemand sagen. Verlangen Sie aber von einer echten Roten nie, sich von ihrer Haarfarbe zu trennen! Sie ist das Zeichen eines Triumphes über viele Beleidigungen, Vorurteile und Schmerzen (nicht nur Sonnenbrände!).
Die Echtheit der roten Pracht lässt sich übrigens leicht überprüfen: An der Vielfalt der Rottöne auf ein und demselben Kopf (aber Rot von der Wurzel an!) und deren Wechsel mit Licht und Jahreszeit (kein Naturrot bleibt monatelang unverändert), an der Haarfarbe des ganzen Körpers (Schamhaare ausgenommen, die werden oft passend mitgefärbt), an der Haut und – im Bett.

Frauen allein zu Haus

Geht es Ihnen zu gut und ist Ihnen richtig langweilig mit Ihrer Partnerin? Reizmangel? Dann reizen Sie sie doch ein wenig! Zum Beispiel mit der banalen Frage an eine überwiegend zu Hause tätige Gefährtin: «Was machst du eigentlich den ganzen Tag?» Da wird Ihnen einiges blühen, denn vermutlich ist dies die Frage, die manche Frauen tatsächlich zur Weißglut bringen kann. Nicht etwa, weil die zarten Geschöpfe dahinter die Anspielung auf Männerphantasien von Staubwedel missbrauchenden Schürzenträgerinnen vermuten, nein, weil sie sofort ihre Daseinsberechtigung zu verteidigen suchen. Wie kleine Verbrecherinnen über den Protokoll führenden Polizisten fallen solche Frauen über den armen Fragesteller her und bombardieren ihn entweder mit einem heruntergeratterten Tagesplan, der ungefähr dreißig Punkte enthält, oder sie fauchen die heimtückische Gegenfrage: «Siehst du's etwa nicht?» Genau diese Frage gibt den entscheidenden Hinweis auf die Quintessenz der häuslichen Umtriebe Ihrer Herzallerliebsten: Am Ende eines langen Tages sollen Sie den Eindruck haben, dass viel geschehen ist. Na ja, kommt Ihnen das irgendwie bekannt vor? Arbeiten Sie zufällig in einem Büro?
Was aber machen Frauen wirklich, wenn ihnen niemand zusieht? Glauben Sie, dass Ihre Liebste, die tapfer mit Ihnen aufgestanden ist, sogar das Frühstück hergerichtet hat, den ganzen Tag nichts an-

deres tun wird, als sich dem Haushalt, den Kindern und dem Kaninchen zu widmen? Wahrscheinlich werden Sie die Wahrheit erst erfahren, wenn Sie in Rente gehen und plötzlich merken, wie sauer Ihre Gattin darauf reagiert, dass Sie auf einmal morgens nicht aus dem Haus gehen. Vielleicht zeigt sich der Hauskater irritiert im ehelichen Schlafgemach – so gegen halb zehn … (Katzen sind bekannt für strenge Rituale und Pünktlichkeit). Abgesehen von den echten Putzteufeln, kleinen Neurotikerinnen mit diversen Zwangshandlungen und jenen Frauen, deren Kinder sich erfolgreich gegen jegliche Sklavenarbeit im Haushalt wehren, wissen alle weiblichen Wesen, wie man sich mit geschicktem Management enorme Freiräume schaffen kann. Hauptsache bleibt immer der perfekte Eindruck. Und der soll schlicht und einfach die Ansprüche des Hausherrn befriedigen. Die Standards, von denen Frauen bei der täglichen Haushaltsarbeit ausgehen, werden sehr früh, nämlich in der Zeit des ersten Zusammenseins festgelegt. Haben Sie also in Ihrer alten WG Ihrer Freundin mitternächtliche Kakerlakenclubbings vorgeführt, rechnet sie später nicht damit, dass Sie unter den Teppich spähen oder die Plüschtiere nach Milben absuchen. Haben Sie sich im Rausch (der ersten Verliebtheit) mit etwas unterentwickelten Kochkünsten zufrieden gegeben, müssen Sie sich eben weiter auf die Anpassungsfähigkeit Ihres Verdauungstraktes verlassen. Andererseits erkennen Frauen blitzartig, was Ihnen wichtig ist. Ihre Krawatten werden alphabetisch nach Motiven sortiert, Ihre Spaghetti der Länge nach … Sie wissen gar nicht, was Sie von Ihrer Partnerin verlangen hätten können, hätten Sie rechtzeitig Ihre Vorlieben kundgetan!

Planung ist alles, lautet das oberste Prinzip der Hausfrau. Deshalb beginnt sie damit schon am Vorabend, eventuell mitten im Vorspiel. Doch davon wird niemand etwas merken, denn Frauen reden selten beim Sex, und das «Ach!» und «Jaa!» passt eben zu beidem, zum Sex und zu vergessenen Lebensmitteln.

Die wichtigste Überlegung, nämlich «Wie schinde ich den größten Eindruck bei mäßigem Zeitaufwand?», beherrscht den Tagesablauf. Ihnen soll vermittelt werden, dass zwischen dem Abräumen der Frühstücksteller und dem Tischdecken fürs Abendessen höchstens Zeit für einen winzigen Kaffee war. Und wie gelingt das am besten? Zum Beispiel mit riesigen Wäschebergen und ein paar sorgfältig gebügelten Stücken, die man augenfällig platziert, mit Näharbeiten, zu denen man vor lauter Routinetätigkeiten nicht gekommen ist, mit prallen Einkaufstüten in der Küche oder im Flur, die man noch gar nicht auspacken konnte, etc. Männer sind eben sehr oberflächlich und sehen viele Dinge nicht, wenn man sie nicht direkt darauf stößt. Damit rechnen jene Frauen, die sich genug darüber geärgert haben, dass ihr Liebster nie gemerkt hat, mit welchem Aufwand sie bestimmte Gerichte zubereitet hatten, wie sorgfältig sie die Fenster putzten, die Pflanzen versorgten. Warum sollte eine Frau Stunden in der Küche verbringen, wenn der Partner den Unterschied zwischen selbst gemacht und tiefgefroren gar nicht kennt. Folglich darf man den Guten ruhig in zwanzig Minuten kulinarisch zufrieden stellen. Aber viele Männer haben das schöne Bild vor Augen, wie die tüchtige Hausfrau auf dem Markt das Gemüse auswählt, den Vormittag mit Kochen und Putzen verbringt, die Kinder mit einem duftenden Kuchen empfängt, den Rest des Tages mit Strickerei oder Gartenarbeit ausfüllt und abends für einen genüsslichen Tagesausklang sorgt.

Die Klugheit Ihrer Partnerin lässt sich daran ermessen, wie viel Zeit ihr fürs Lackieren ihrer Nägel, zum Tratsch mit ihren Freundinnen, zum Heftchenlesen, zum TV-Serien-Ansehen und Telefonieren und vor allem zum Einkaufen bleibt. Nicht zuletzt aber daran, wie viele wohl dressierte Familienmitglieder all die Tätigkeiten übernehmen, die sich mit frisch lackierten Fingernägeln so schlecht erledigen lassen. Ja, und an den kleinen Heimlichkeiten vor dem Spiegel erkennt man die Meisterinnen im Time-Management, die abends auffallend gern über den anstrengenden Tag referieren, während sie verdammt gut drauf sind.

Bleibt zu hoffen, dass sie tatsächlich allein zu Haus waren.

Was die Kochkünste einer Frau über ihr Wesen verraten

Nicht umsonst gehört die wechselseitige Fütterung zum ältesten Werbungsritual bei Vögeln wie bei Menschen. Ein Rendezvous, das ohne Nahrungsaufnahme endet, bleibt eine matte Sache. Während Frauen bei einem gemeinsamen Dinner ausgiebig die Hände betrachten und beurteilen können, die sie vielleicht gleich einmal berühren, entkleiden und verwöhnen dürfen, spielen Männer gern eine besondere Art des Liebesorakels: Was oder – noch besser – wie eine Dame isst, das soll eine Prognose über ihr Sexualverhalten liefern. Welche Frau erinnert sich nicht an aufoktroyierte Austern, seltsame Getränke und ähnliche Dinge, die den Charakter eines Tests kaum verhehlen konnten? Obwohl inzwischen vermutlich alle Männer und Frauen über diese Spielchen Bescheid wissen und sich auch die Dümmsten vorstellen können, dass eine Dame, die das Hühnerbeinchen fromm beknabbert, beim Oralsex ganz und gar nicht spitzmündig auftritt, schwingt am Anfang einer Beziehung beim Essen stets etwas von einer Prüfung mit. Wo aber steckt das Körnchen Wahrheit?

Die Studien, die ergaben, dass Frauen, die offensichtlich gern essen, mehr Spaß im Bett und auch mehr Verlangen danach haben, wären eigentlich gar nicht nötig gewesen. Es versteht sich doch von selbst, dass Frauen, die ihren Trieben unter keinen Umständen nachgeben wollen, ein ziemliches Problem haben, wenn es im Bett lustig werden sollte. Aber ist dann das Krapfen verzehrende Ungetüm im rosa Negligé die ultimative sexuelle Offenbarung oder die Personifizierung männlicher Urängste? Wie auch immer, Männer sollten sich weniger davon beeindrucken lassen, was ihre Herzensdame an fremden Tischen tafelt, sondern viel eher davon, was sie ihnen zu Hause serviert.

Die Kochkünste einer Frau sagen nämlich einiges über ihre Persönlichkeit aus – sofern die Umstände halbwegs normal sind (im australischen Busch halten sich die Zubereitungsarten für Maden in Grenzen). Schauen Sie Ihrer Lady daher ruhig einmal in den Kochtopf, in den Kühlschrank und den Speiseschrank, bevor sie ihr zu tief in die Augen blicken!

Die Spartanische

Der Hüterin des leeren Eisfachs werden Sie wahrscheinlich in jungen Jahren sehr oft begegnen, denn richtig kochen (und richtig einkaufen) lernen nur wenige Mädchen daheim oder in Hauswirtschaftsschulen. Die meisten müssen sich alles so schrittweise aneignen wie die Burschen. Ein öder Kühlschrank, in dem ein paar Joghurts dem Verfallsdatum entgegendämmern, sollte Ihnen allerdings zu denken geben, wenn die Dame a) weit über dreißig, aber noch nicht über siebzig ist, b) nicht gerade eben von einem Kurztrip nach Paris eintrudelt, c) keinen Pfirsichteint mit leichten Joghurtspuren an den Ohren und d) keinen Daddy im Vorstand von Microsoft hat. Stimmen die Dessous? Ist die Bettwäsche zerwühlt? Na, warum hat das Mädchen keine Zeit für lange Aufenthalte in der Lebensmittelabteilung?! Legen Sie die Vorstellung von einer guten Köchin, der Heim und Herd über alles gehen, ab und rechnen Sie eher damit, dass Sie viele Abende in Restaurants verbringen werden. Wenn die Dame einmal kocht, dann höchstpersönlich und höchst kompliziert für viele Gäste. Im Bett dürfen Sie einiges erwarten, doch nichts Besonderes. Diese Frauen sind noch nicht auf die Idee gekommen, sinnliche Genüsse durch eigene Phantasien zu bereichern, und nach einiger Zeit ähneln sie dem Kühlschrank: untertemperiert und ziemlich leer.

Die «gelernte» Köchin

Sie macht kein Hehl aus ihrem Hang zu exklusiven Küchengeräten und ihrer Vorliebe für Schneidwerkzeuge. Für viele Männer wirkt ihre Küche und besonders ihr Vorratskasten wie das Paradies – Selbstgemachtes liebevoll beschildert, kein noch so banales Essen unter drei Gängen, die Vielfalt an Sonntagskuchen wahrscheinlich grenzenlos! Sie könnten sofort glücklich werden mit dieser Frau. Wahrscheinlich ist sie nicht minder wohlgeraten, weich und appetitlich wie ihre Soufflés und versteht es, Sex ganz ordentlich zu genießen. Die Betonung liegt auf «ordentlich». Denn manche Spitzenköchin gleicht mit ihren Schneebesenkünsten das aus, was ihr im Bett fehlt: erotische Leckereien, um einmal das Hausbackene zu vergessen, ein Schuss Wildheit, der über das Fraulich-Mütterliche siegt, eine Spur Verruchtheit über dem Vanilleduft. Eine gute Köchin ist ständig am Planen. Sie können fast sicher sein, dass sie auch in Ihren Armen über gewisse Einkaufslisten und Menüfolgen nachdenkt. Spontaner Sex in der Zauberküche ist zwar durchaus drin, aber diese Frauen haben es lieber, wenn Sie Extrawünsche rechtzeitig ankündigen. Trotzdem findet hier ein Männertraum Erfüllung: Kuschelsex, während der Bratenduft durchs Haus zieht …

Die «Exotisch-Würzige»

Selbst gezogene Küchenkräuter auf der Fensterbank, frischer Ingwer und Zitronengras im Kühlschrank verheißen: Überraschung! Die Dame weiß, worauf es in der Küche ankommt – und im Bett.

Aber nur, wenn die vielen Kräuter und Gewürze nicht Rosenstöckchen und Bonsai ersetzen. Frauen, die eine Leidenschaft für Kräuter entwickeln, haben meist eine Freude am Experimentieren. Wache Sinne, die feinste Nuancen wahrnehmen, verabschieden sich auch nicht beim Sex. Und da die meisten Aphrodisiaka unter den Gewürzen zu finden sind, wird Ihnen bestimmt nicht fad. Ganz gewiss nicht, sobald die Liebste schwarzen Pfeffer im täglichen Gebrauch durch peruanischen ersetzt hat ... Sie müssen allerdings in mancherlei Hinsicht aufpassen: Diese Frauen zieht es nicht nur auf der Suche nach neuen Geschmacksrichtungen in die Ferne, sie brauchen einen Mann, der ihre Lust auf Abwechslung auch beim Sex teilt. Und es ist schon seit alters her bekannt, dass Kräuterspezialistinnen eigentlich gar keine Männer bräuchten, um richtig Spaß zu haben, und gefährlich werden, wenn sie willige Opfer für ihre kleinen Experimente suchen ... Nicht verzagen! Sobald nur Petersilie und Basilikum das Fenster zieren, ist alles in Ordnung, und auch ein paar Chilischoten sagen noch lange nicht, dass Sie als anderer Mensch das Schlafzimmer verlassen. Aber getrocknete Pilze, die Sie noch nie in einer Speise gesehen haben, verwirrend große Pflanzen auf dem Balkon (keine Ähnlichkeit mit Gummibaum) und ein eigenartiges Aroma ihrer Getränke sollten Sie doch wachrütteln. Alarm!

Küche all'arrabiata

Eine Frau, die schon einen Wutanfall bekommt, wenn die Spiegeleier anbrennen, deren Küchentür im unteren Drittel mehrere Schuhabdrücke aufweist und die sich regelmäßig in die Finger schneidet oder Brandwunden zufügt, dürfen Sie keinesfalls sofort von Ihrer Liste der Ehekandidatinnen streichen. Natürlich ist es nicht lustig, zweimal wöchentlich irgendwelches Porzellan zu ersetzen und in ein Gesicht zu starren, das stärker glüht als die Herdplatte, aber: Manche Frauen, die so reagieren, sind nicht etwa lausige Köchinnen mit angeschlagenen Nerven. Sie werden nur superwütend beim Gedanken, dass sie blöde Dinge kochen, während sie den besten Sex ihres Lebens haben könnten. Gerade kluge und phantasievolle weibliche Geschöpfe – und besonders solche von heißem Geblüt – tun sich schwer damit, der Nahrungsaufnahme den Vorzug gegenüber anderen sinnlichen Freuden zu geben. Verzichten Sie eben lieber ein paar Mal auf das Essen und ersticken Sie den Wutanfall mit leidenschaftlichen Küssen! Es lohnt sich! Und gar so schlimm ist es doch auch nicht, wenn das Filet Wellington auf halber Strecke bleibt, die Obstkuchen verraten, dass der Belag geworfen statt gelegt wurde, und der Gans zweimal der Kragen umgedreht wird! Im Bett (wo Sie eher selten landen, dafür überall sonst) wird Ihnen mit dieser Frau bestimmt nicht langweilig. Aber wehe! Kleinere Fehler wie mangelnde Finger- oder Zungenfertigkeit, temporärer Unwille und vorzeitige Ejakulation führen stante pede (wörtlich!) zu heftigen Wutausbrüchen, die umso ärger sind, je mehr die Partnerin versucht, sich um der Liebe willen im Zaum zu halten! Ziehen Sie schnell die Hosen an und verlassen Sie das Terrain! – Hexenblicke können töten, na ja, zumindest die Impotenz verlängern!

Die «Pfadfinderin»

In ihrer Küche werden Sie immer etwas zu futtern bekommen. Sie bemüht sich zwar um Frischkost, hat aber einen Vorrat an Gefrier- und Dosenware. Sie kocht Ihnen ein Menü aus Wildfrüchten ebenso wie eine undefinierbare Kreation aus diversen Fertiggerichten. Na ja, die Küche ist bestimmt nicht ihr Tempel, und sie freut sich mächtig, wenn sie auswärts essen darf. Und trotzdem kann sie wirklich kochen. So locker, wie solch eine Frau den Kampf mit Töpfen und Tellern angeht, so unkompliziert gestaltet sich das Liebesleben. Sie werden weder mit theatralischen Einlagen noch mit exotischen Ansprüchen überfordert und können doch mit einiger Abwechslung rechnen, vor allem aber mit äußerst seltener Verweigerung. Einen Haken gibt es allerdings: Die lässige Haltung, die Sex eher dem Sport zurechnet, führt eventuell dazu, dass Ihnen der Spaß vergeht und Sie Appetit kriegen auf – richtig kapriziöse Frauen – und Hummer à l'amoricaine.

Die Nahrungsphilosophin

Egal, ob Sie nun an eine Makrobiotin, Veganerin oder Strunzianerin geraten, das sexuelle Feuerwerk, das Sie erwartet, hat einen kopflastigen Anstrich, weil Ernährungslehren meist weit in das gesamte Leben hineinreichen. Das gute Gefühl, das jenen Frauen innewohnt, ist nur durch Disziplin zu erreichen – und zu halten. Endorphine können so fröhlich machen, dass Sex gar nicht mehr gefragt ist, und fleischlos bedeutet zuweilen lustlos, weil der Testosteron- und Zinkspiegel nicht zu halten ist. Aber manche Frauen belohnen sich für den geglückten Verzicht auf mancherlei Nahrungsmittel mit einer Überdosis Sex. Dumm ist nur, wenn sich zur Fastenkur auch die sexuelle Enthaltsamkeit gesellt ... Und ein wenig Vorsicht sollten Sie an den Tag legen bei jenen Frauen, die aller Künstlichkeit aus dem Weg gehen, mit einem Body aus ungebleichter Baumwolle Ihre Lust erregen wollen und Sie von der Wirksamkeit selbst gerührter Verhütungssalben zu überzeugen suchen. Schluss mit lustig! Lust ist aber ohnehin nicht angebracht bei einer Ernsthaftigkeit, die vom Tellerrand bis über die Bettkante reicht.

Für eine heiße Nacht brauchen Sie wirklich nicht darauf zu achten, was sich hinter der Küchentür der Erwählten verbirgt. Aber eine Frau, die extra für Sie kocht, will garantiert mehr als einen einzigen netten Abend, und die Frau fürs Leben sollte freilich doch ein wenig zu Ihren Vorstellungen von einem Zuhause passen – Küche inklusive. Lassen Sie sich dabei weder von Kochbuchsammlungen, die rein gar nichts über die häuslichen Fähigkeiten der Besitzerin verraten, noch von einer Kochverweigerung Ihrer Partnerin beeindrucken. Oft sind die hartnäckigsten Kochmuffel («Mit dem Frühstück ist der erste Schritt zur Sklaverei getan!») spätestens nach dem ersten Kind bewundernswert kreative Köchinnen – mit viel Spaß an der Sache.

«Die fiesen Tricks der Frauen»

Das Morgengrauen – WIE MAN SCHON AM ABEND ABKLÄREN KANN, WAS VOM FALSCHEN GLANZ DER LADY BLEIBT

Männern widerfahren zuweilen furchtbare Dinge: Sie ziehen los, um einen gemütlichen Abend zu verbringen, trinken ein paar Bierchen in netter Runde, ein paar Cocktails in noch netterer Gesellschaft, tanzen ein bisschen da, ein bisschen dort, mal mit dieser, mal mit jener, und eh sie sich versehen, treibt sie der Hunger zur Imbissbude, wo sie schließlich nicht mehr so recht wissen, ob es die Dame links oder rechts von der Wurst war, die sie mitnehmen wollten. Egal, nur die Liebe zählt. Und nach einer wunderbaren bzw. seltsamen Nacht bietet sich dem Halbnüchternen ein schrecklicher Anblick. «Huch», denkt er, «lieber Gott, lass das einen Albtraum sein, und ich werde deinen Namen nie wieder verunehren!» Dann entdeckt er Schritt für Schritt, was ihm im nächtlichen Delirium entgangen ist. Die Füße, die unter der Bettdecke hervorlugen: Hühneraugen und Überbeine, und das bei Goldpantöffelchen in Größe 43. Ein wenig weiter oben beginnt ein Bärenfell, das jeden Grizzly in die Flucht geschlagen hätte, aber einfach nicht zu sehen war unter den blickdichten Strümpfen. Dann die Krallen – schlecht geklebtes Plastik über den malträtierten Nägeln einer Kau-Neurotikerin. Unter den buschigen Achselhaaren die Narbenspur hin zu den schönen Brüsten, die so hart zur Decke starren wie der arme Mann daneben. Und weil es nicht genug war, im schütteren Schopf der Dame die eingeschweißten Haarteile zu erblicken, muss das Nachttischchen noch die letzten Geheimnisse der unbekannten Bettgefährtin preisgeben: Unter den Armbändern, Ringen und Ohrgehängen tummeln sich falsche Wimpern, blaue Kontaktlinsen – und etwas, das so aussieht … ja! … wie eine Teilprothese für den Oberkiefer. Zu spät! Schon lispelt der steile Zahn der letzten Nacht ein «Guten Morgen, Ssatzi!», ohne Schneidezähne. Schweinsäuglein klimpern ohne lange Wimpern, die roten Wangen sind verschwunden, die Reste einer dunklen Schminke geben ein Gesicht frei, das bleich und teigig den blassen Brötchen zum Fertigbacken gleicht, um nicht zu sagen einem Hefekloß.

Ein Kater am Morgen ist schon übel, ein Kater und dazu ein Kätzchen von ungeahnter Hässlichkeit schier tödlich. Aber es scheint fast so, als müssten Männer ein, zwei oder eben ein paar Mal das Erlebnis «der anderen Art» überstehen, um glücklich zu werden. Da kann einer bisweilen schon froh sein, wenn im ersten Morgenlicht nur die Filzläuse «Hallo» sagen ... Mit einer verbliebenen Dame, die aufgrund ihrer körperlichen Mängel jeden Gedanken ans Frühstück verscheucht, gerät der blinde Nachtschwärmer nämlich ordentlich in Bedrängnis. «Wie werd ich sie nur los?», kann wahrscheinlich ein Thema für Stunden, Tage, Wochen, im Ernstfall für ein ganzes Leben sein. Denn ist der Rollmops einmal aufgegabelt, will er auch genossen werden ...

Sie müssen wissen, dass Frauen nicht umsonst diesen immensen Aufwand treiben, um sich von einem Engerling nicht etwa in einen Maikäfer, nein, in einen Schmetterling zu verwandeln. Das ist wohlkalkuliert und soll möglichst lange wirken.

Warum schweben derartige Schmetterlinge in Scharen zu Ärztebällen, wichtigen Vernissagen und ähnlichen Veranstaltungen? Doch nicht, um eine laue Nacht mit einem Kellner zu verbringen! Im Fall des Falles erhofft sich die Dame ein bisschen mehr als ein verbranntes Rührei zum Frühstück und ein Tiefkühl-Bussi zum schnellen Adieu. Versuchen Sie erst gar nicht, Ihren ohnehin gedämpften Verstand mit Varianten einer möglichst freundlichen Hinauskomplimentiermethode zu quälen! Je weniger die Dame im Bett jenem Bild entspricht, das Sie im leichten Dusel von ihr hatten, desto hartnäckiger wird sie sich gegen einen morgendlichen Trennungsversuch wehren. Zumal der in Ihrem Zustand wahrscheinlich sowieso sehr zaghaft ausfallen dürfte. Hässliche Entlein wissen sich fabelhaft zu verteidigen! Sie packen Sie an Ihrem wunden Punkt, verursachen in Ihrer Seele einen Tumult aus Vorwürfen und Schuldgefühlen und verdrehen Ihre Gedanken derart kühn, dass Sie am Ende überzeugt sind, endlich an die Frau Ihrer heimlichsten Träume geraten zu sein.

Bußfertig verabschieden Sie sich noch vor der ersten Zigarette von Ihrem ursprünglichen Frauenideal, während die neue Dame in Ihrem Leben den ganzen Köder-Krempel verräumt: die Haarteile und Wimpern, die Stöckelschuhe und den Schmuck. «Endlich», seufzt sie dann, wenn sie am Tisch Platz nimmt, «endlich hab ich einen gefunden, bei dem ich sein kann, wie ich wirklich bin. Ungeschminkt und ehrlich.» Und, ob Sie's glauben oder nicht, Sie werden von der Aussage und dem Anblick der Dame bis ins tiefste Herz gerührt sein. Plötzlich sind Sie sicher, dass Sie nie eine Partnerin haben wollten, die Stunden vor dem Spiegel verbringt, auf Stöckelschuhen durch die Küche taumelt, sich stets die feinen Stay-ups an Ihrem Reißverschluss ruiniert und mit den frisch lackierten Nägeln einfach nichts anfassen kann. Aber passen Sie auf! Hässliche Entlein sind hartnäckig, aber nicht wirklich dankbar. In ihnen schlummert immer noch die Idee vom Schwan, der sie einmal werden könnten. Und das Wissen, dass sie mit ein bisschen faulem Zauber ganz prächtig reüssiert haben, bestärkt sie in ihrer Arroganz, die mit der Dauer der Beziehung ordentlich zunimmt. Folglich wäre es schon ratsam, einerseits nicht irgendeinem schönen Schein zu erliegen und anderseits nicht an einer wenig attraktiven Partnerin festzuhalten, nur weil sie Sie von ihrer Unersetzlichkeit überzeugt hat.

Doch woher wissen Sie, wer im Morgengrauen noch so toll erscheinen wird wie im matten Glanz einer Straßenlaterne?

Nachdem Ihnen mindestens seit «Star-Trek» bekannt sein dürfte, was Maskenbildner zustande bringen, können Sie damit rechnen, dass geschickte Hände – und nicht nur die eines Chirurgen – viel herbei- oder wegzaubern. Verlassen Sie sich also nie auf den ersten Eindruck, wenn Sie sicher gehen wollen, bei einem One-Night-Stand keine böse Überraschung zu erleben! Sobald Ihnen eine Dame angenehm ins Auge sticht, halten Sie sich lieber an folgende «Checkliste»:

Die Beine

Hier lässt sich zwar einiges machen, um optisch eine bessere Wirkung zu erzielen, aber letzten Endes gibt es nichts zu rütteln: Selbst die tollsten Stützstrümpfe mit Längsstreifen und Glitter verwandeln Krautstampfer nie in Gazellenläufe. Die tatsächliche Beinlänge können Sie schnell eruieren, denn die paar Zentimeter an Absatzhöhe werden Sie sich doch wohl wegdenken können, und fleischfarbene Schlittschuhe tragen die wenigsten Mädchen abends zur Beinverlängerung. Gegen eine Überraschung namens Cellulite sind

Sie nie ganz gefeit, es sei denn, Ihre Partnerin wagt es, mit nackten Beinen und überkreuzten Schenkeln auf einem Hocker zu sitzen. Die Begegnung mit einem weiblichen Werwolf (was die Körperbehaarung betrifft) oder einer Raspel können Sie sich ersparen, wenn Sie die Beine Ihrer Auserwählten im Gegenlicht betrachten. Ein langer Rock oder Hosen lassen nicht von vornherein auf wenig schöne Beine bzw. füllige Hüften schließen, das erst, sobald die Dame es zum Standardkleidungsstück erklärt. Die Schuhe freilich sprechen Bände. Luxusfrauen inkognito verraten sich, weil sie auf alles verzichten würden außer auf perfekte Schuhe. Schlechtes Schuhwerk hingegen verheißt auch sonst nichts Gutes. Abgesehen von Hühneraugen, dicker Hornhaut oder Blasen könnten Sie andere Mängel erwarten, die vielleicht die Kleidung kaschiert, aber mit Sicherheit haben Sie keine Prinzessin vor sich. Wenn Ihnen nach finanzieller Parität zumute ist, sollten Sie darum hier nicht den Märchenprinz mimen.

Bauch und Po

Zu Recht die Sorgenkinder vieler Frauen, verstecken sich Bauch und Po in Kleidern, die – wie es so schön heißt – die Problemzonen umspielen. Bundfaltenhosen, mehrere Lagen, ein weiter Mantel, hüftlange Blusen und Pullover, Kleider mit viel Platz taillenabwärts zeigen, dass die Dame zumindest an diesem Tag keine Lust hat, ihren Bauch in engen Shirts zu präsentieren, oder dass der Po trotz der Miederstrumpfhose keinem Apfel gleicht. Mieder und Korsetts vollbringen oft wahre Wunder. Sie zaubern eine Taille, wo gar keine ist, verteilen Schwimmreifen so geschickt über den Rumpf, dass nirgendwo etwas herausquillt und alles glatt und schlank erscheint. Aber wehe, wenn kein Stoff mehr diese Fülle hält! Als Mann, der mollig nur in Grenzen mag, sollten Sie eines bedenken: Eine Dame, die Ihnen im «kleinen Schwarzen» eher wohlgenährt vorkommt, wird ohne Kleidung um einiges runder wirken und Sie wahrscheinlich umhauen, wenn sie unter dem schwarzen Kleidchen ein Stützmieder getragen hat. An anderer Stelle dürfen Sie ebenfalls mit negativen Überraschungen rechnen: Manch schöner Bauch ist mit einer Kehrseite verbunden, die in Jeans noch knackig ausgesehen hat, in reiner Blöße aber ein Bild des Jammers darstellt. Da hilft wohl nur zuerst greifen und dann kneifen …

Der Busen

Dem ist schlichtweg nicht zu trauen. Die Wahrheit stellt sich erst nach längerer Begutachtung bei Sonnenschein am FKK-Strand ein – oder eben bei eingehender manueller Untersuchung. Das Auge eines Mannes wird hier so leicht getäuscht, so leicht es ist, einen Kümmerbusen mittels Push-up in ein sichtbares Etwas zu verwandeln. Die laschesten Brüste lassen sich mit Metallbügeln und breiten Trägern in herausragende Objekte der Begierde umformen. Im vermeintlich sicheren Griff eines Mannes fühlen sich derart modellierte Busen fest und füllig an. Und wieder gilt: Wehe, wenn sie haltlos werden ... Kunstwerke aus unterschiedlichstem Material sind lange nicht mehr so deutlich spürbar wie die ersten Silikonbrüste, aber ohne Narben geht nichts. Wie auch immer, der äußere Schein hält in den seltensten Fällen, was er verspricht. Unter einem Kleid, einer Bluse, einem Pulli, im BH kann sich alles – und auch ein Nichts – verbergen. Damit Sie das bekommen, was Sie auf Anhieb sehen, müsste die Dame ein nasses Shirt auf bloßer Haut tragen. Schon blöd, wenn Sie gerade an einer Schneebar Ihr Glück versuchen ...

Die Haare

Wieder ein großes Ratespiel. Gehen Sie doch einfach davon aus, dass echte Blondinen (besonders unter Asiatinnen) sehr rar sind und die Chance, auf eine Naturrote zu treffen, noch viel geringer ist! Aber Ihr Blondchen wird nicht am nächsten Morgen schon rabenschwarz neben Ihnen im Bett liegen, vorausgesetzt sie hat keine Perücke getragen und die Tönung war normal. Frisch gefärbte Damen erkennen Sie kaum am Haaransatz, doch die Farbe der feinen Härchen im Gesicht oder auf den Händen verrät, welcher Farbkategorie die Liebe ursprünglich zugeordnet werden müsste. Dass Blonde und Rote nur unter seltsamen Bedingungen zu einem pechschwarzen Oberlippenflaum kommen, dürfte auch klar sein. Bei einer Allergie gegen Rothaarige sollten Sie die Dame, die Ihnen im Kunstlicht als blonder Engel erschien, besser genauer befragen. Im falschen Licht ist Rot von Blond kaum zu unterscheiden. Und wer sagt denn, dass sich hinter einer rassigen Schwarzen nicht ein graues Mäuschen verbirgt? Wer unbedingt auf Farbechtheit besteht, sollte seine Anbahnungs-Abenteuer in Gegenden verlegen, in denen Dung, Henna und Erde Polycolor und Ähnliches ersetzen. Na ja, und auf die Haarlänge ist auch kein Verlass. Was früher die Perücke, das schicke Haarteil und die falschen Locken waren, das sind heute Haarsträhnen, die im Nu aus einer Navy-Classic eine Barbie-Traummähne machen. Sie merken den Trick erst, wenn Sie intensiver in der künstlichen Pracht wühlen, die nie so seidig glatt vom Ansatz bis zur Spitze fällt. Schönes Haar – sofern Natur – lässt auf intensive Pflege, aber auch auf Gesundheit und seelisches Wohlbefinden schließen. Das schlimmste Morgengrauen dürfte Ihnen bei einer schön beschopften Dame folglich erspart bleiben.

Das Gesicht

Eines ist sicher: Traurig für alle Pickelkandidaten, aber kein Abdeckstift, kein Make-up und kein Puder kaschieren jene Störenfriede wirklich. In schräger Ansicht fallen Unebenheiten auf jeder Haut auf. Fürs Erste freilich ist die verräterische Röte verschwunden, und das hilft schon gewaltig. Eine Frau, die bis hinter die Ohren mit Tönungscreme, Make-up oder Puder bedeckt ist, wird Ihnen wahrscheinlich kaum den Teint einer «English Rose» bieten können. Aber welche Frau wagt sich schon quasi ungeschminkt ins Nachtleben?

Ein strahlender Blick rührt nicht selten von Kontaktlinsen (leicht zu erkennen an der stärkeren Wölbung oder der verzögerten Bewegung bei Seitenblicken), falschen Wimpern und/oder guter Farbwahl bei Lidschatten, Mascara und Wimperntusche her. Sie dürfen davon ausgehen, dass sich sogar jene Mädchen, die größten Wert auf Natürlichkeit legen, ab und zu die Augen schminken. Folglich müssen Sie damit rechnen, dass Sie am Morgen nach der ersten Begegnung andere Augen anblicken als jene im lila Licht der Cocktailbar. Denken Sie sich also gleich zu Beginn die Augen kleiner, unauffälliger, mit weniger Dramatik, dann wird die Enttäuschung am Morgen ausbleiben! Rouge kann ein nichts sagendes Gesicht gewaltig verändern, denn es gibt dem Antlitz nicht nur Farbe, sondern auch Form.

Je stärker das Rouge im Einsatz ist, desto krasser wird der Unterschied zwischen Abend- und Morgengesicht. Die Dame mit den schönen Backen gleicht dann morgens einem kalten Fladen. Sehen Sie Ihrer Liebsten ruhig tief in die Augen! Finden Sie unter dem Unterlid und im inneren Augenwinkel viel hellen Staub, können Sie damit rechnen, dass Ihr Nachtgespenst dunkle Augenringe zu kaschieren sucht, die am Morgen freilich umso deutlicher in Erscheinung treten. Testen Sie also gedanklich ein Schnellprogramm: Abdeckstift, Make-up, Kajal, Rouge und Lippenstift weg – wie sieht die Gute jetzt noch aus? Mit Lippenstift und Gloss lassen sich schmale Lippen großartig aufplustern. Eine dicke Lippe wird abgepudert und kleiner gezeichnet, aber im Profil zeigt sich rasch, wo die Kunst der Malerei endet. Wenn Sie die Neugier auf die Originallippe plagt, dann laden Sie Ihre Auserkorene auf eine ölige Speise ein (Salat oder Spaghetti). Im Allgemeinen dürfen Sie davon ausgehen, dass sich Frauen umso intensiver schminken, je älter, unsicherer und «farbloser» sie sind bzw. je mehr ihnen der jeweilige Auftritt am Herzen liegt. Natur pur bedeutet allerdings nicht immer «Intellekt hat Vorrang». Zuweilen kann die Betreffende mit ihrem Gesicht und ein paar Farben einfach nichts anfangen. Sie haben allerdings dann den Vorteil, dass es bei dieser Dame nur noch positive optische Überraschungen geben wird (solange sie nicht Zahnpasta und Wimperntusche verwechselt). Die Zähne wiederum geben nicht auf den ersten Blick Aufschluss darüber, ob sie das Werk von Mutter Natur oder eines Zahntechnikers sind. Mit ein wenig Übung lernen Sie aber die echten von den falschen Beißerchen durch den härteren, kälteren Ton und den gläsernen Glanz zu unterscheiden, und ganz Böse halten Ausschau nach Metall, das eine Brücke verraten könnte. Immerhin sind Sie dann vorgewarnt, wenn Sie beim Küssen scharf rangehen wollen – Natur ist fühlbar anders.

Vorsicht bei manchen Verhaltensweisen

Als Nikotinfeind sollten Sie wissen, dass harte Getränke den fahlen Geschmack der organischen Räucherhöhlen erheblich dämpfen können. Was Sie an der Bar und selbst im Auto noch annehmbar finden, wird Sie am Morgen garantiert aus dem Bett jagen, denn nur die Zahnbürste oder eben eine Zigarette sind in der Lage, den öden Odem zu vertreiben. Und wollen Sie eigentlich morgens wach gehustet werden? Eine Schöne der Nacht, die Sie beeindruckt, weil sie mit Ihrem Cocktail-Konsum locker mithält, wird wahrscheinlich ein Champagnerfrühstück erwarten, und das nicht nur ausnahmsweise. Also nehmen Sie's locker – oder lassen Sie die Dame schnell bleiben!

Notorische Taschenkrämerinnen (Frauen, die, sobald die Rechnung kommt, so lange in ihrer Handtasche wühlen, bis Sie von sich aus alles begleichen) geben sich schon am ersten Abend zu erkennen, gewitztere am dritten. Seien Sie auf der Hut, wenn Sie nicht vorhaben, für sehr lange Zeit den «Sugar-Daddy» zu spielen.

Und für all jene, die mit psychosomatischen Störungen reagieren, wenn ihnen parallel zum Summen des Weckers Vorhaltungen statt frischer Brötchen serviert werden, ein letzter Tipp: Sorgen Sie bei Ihrer Nachtbekanntschaft gleich für ordentlichen Frust, um ihre Reaktionen abzuschätzen. Empfehlenswert wären zum Beispiel der Verzicht auf ein Taxi bei einem Fußmarsch von etwa 20 Kilometern, die Feststellung, dass Sie nichts als Schulden und keinen Ehrgeiz haben, oder der Hinweis auf eine Schlafsucht. Für besondere Spezialisten, die gern ihre Kontaktlinsen zu Hause vergessen bzw. fern der Heimat lebensgefährlich übermütig werden, ein Gute-Nacht-Zuckerl: Bitte vor allen Dingen sicherstellen, dass Sie das Geschlecht Ihrer Begleitung richtig identifiziert haben!

Die Tränen einer Frau

Folgendes Szenario: Zweite Urlaubswoche. Traumwetter, Traumstrand, Traumfrau rechts im Sand, Präsenzfrau linker Hand. Alles in bester Ordnung. Die Sonne scheint auf Ihren Bauch, in dem das Hähnchen fröhlich gurgelt, das Meer ist angenehm blau (Sie vielleicht auch), ein Wind regt sich einmal da, einmal dort, Sie grinsen heimlich dazu. Keiner spielt Gitarre, Radio oder Handy. Und plötzlich hat auch das nette Hintergrundgebrabbel aufgehört. Ein Blick zu Ihrer Partnerin: Sie ist in Tränen aufgelöst und schweigt. Was tun Sie als Experte?

Sie denken: «Huch, zwei Wespen haben sie direkt in die Augäpfel gestochen! Blödsinn, Wespen gibt's hier nicht. Sandfliegenalarm, nix wie weg!» Bravo, die Denkweise war zwar mangelhaft, die Schlussfolgerung aber höchst empfehlenswert.

Doch wehe Ihnen, wenn Sie immer noch nicht gelernt haben, dass man in einer solchen Situation nie fragen darf: «Was ist los mit dir?» Denn erstens bekommen Sie ohnehin keine Antwort, weil Frauen Spielchen wie «Ich spür, ich spür, was du nicht spürst» über alles lieben. Zweitens fungiert die Frage als Auslöser für eine Reihe von abstrusen Reaktionen, an deren Ende Sie nicht mehr wissen, ob

Sie als Mann überhaupt noch zu den Primaten gezählt werden dürfen, während Ihre Partnerin mit roten Bäckchen den Versöhnungssex einfordert – möglichst animalisch, versteht sich.
Frauen weinen nie umsonst. Schließlich ist Weinen so etwas wie ihre Kernwaffe. Mit Tränen zwingt man Lehrer zu Wiederholungsprüfungen, Erlass der Pflichtturnstunden, Väter zu mehr Taschengeld, Partner in die Knie und zu Zugeständnissen, die selbst unter schwerstem Alkoholeinfluss nicht möglich wären, und schließlich Richter zu skandalösen Urteilen. Seltsamerweise trüben Tränen nicht den Blick der Person, der sie entströmen, sondern den Blick des Betrachters. Ganz eingelullt wird man von der Schönheit der glänzenden Augen, der nassen Wimpern, der geröteten Wangen … und wenn dann noch ein zartes Wimmern den Mann davon überzeugt, dass der Ursprung der Tränenflut nicht in einer defekten Kontaktlinse, sondern tatsächlich im Herzen der geliebten Person liegt, ist es um ihn geschehen. Wimmern und Stöhnen lösen beim Mann Gefühle aus, die er schwer beherrschen kann. Darum ist er so verwirrt. Im Grunde sagen ihm diese Laute nur: Sie will mehr. Also fragt er sich: Soll ich sie vögeln oder füttern? Sein Instinkt ist goldrichtig. Wimmern und Tränen heißen ganz einfach: Ich will. Auch negativ. Zum Beispiel: Ich will nichts mehr hören, keinen Schritt weiter gehen etc. Tränen machen aus jeder Frau ein hilfloses Kind, das in den Arm genommen werden will. Sind Frauen in trockenem Zustand schon unlogisch, argumentieren sie tränenfeucht umso bizarrer. Das ist eine besonders raffinierte Taktik: In der Maske des unlogischen, von Emotionen geleiteten Kindes genießen weinende Weibchen Narrenfreiheit. Und Männer stehen immer da, als würden sie kraft ihres primitiv-einfachen Denkens gerade jenes Gefühl entbehren, das ihnen die Frauen durch ihre Tränen schenken. Männer lassen weinen … weil's so schön ist. Freilich tut's den Augen gut und schont den Magen (und das Herz!). Frauen sind weitaus mehr auf ihre Gesundheit bedacht als Männer. Auch deshalb wissen sie mit ihren Drüsen besser umzugehen. Würden Männer das Sekret ihrer im Lendenbereich angesiedelten Drüsen so gezielt verspritzen wie Frauen das ihrer Tränendrüse, wären wir schon ausgestorben.
Frauen weinen nie «einfach so». Und doch ist gerade das die am häufigsten inszenierte Variante des Weinkrampfes. Sie ist hocheffizient, weil sie einerseits der Traumvorstellung des Mannes vom geheimnisvollen, tiefgründigen, gefühlsbetonten, leidensfähigen Weib

entspricht, anderseits der Weinenden jegliche Freiheit in Bezug auf ihre Ziele gewährt. Der Weltschmerz kann also direkt übergehen in ein Lamento über die eigene Garderobe. Mindestens ein Abendessen lässt sich damit herausschinden, wenn einen die Kochunlust plagt – oder Langeweile. Beim Weinen möchten Frauen den Männern ein von Gefühlen gebeuteltes Wesen zeigen, das eigentlich nicht mehr Herr seiner Sinne ist und deshalb auch totalen Unsinn reden kann (welch feine Entschuldigung für die Gemeinheiten, die man so ungestraft anbringen kann!). Tatsächlich vergisst keine Frau, sich die Tränen kajalschonend aus den Augen zu wischen und den Tränenfluss zu stoppen, bevor die Sekretproduktion unästhetisch wirken könnte. Frauen weinen selten heimlich oder vor Schmerz. Sie sind hart im Nehmen, wenn es heiß hergeht. Da weinen sie nicht, und wenn, dann ist ihnen auf einmal alles ringsherum egal, sogar ihr Aussehen. Als Mann kann man freilich sehr oft nicht zwischen Krokodilstränen und echten unterscheiden. Wenn Sie's unbedingt rauskriegen wollen, gibt's nur eines: ignorieren oder mitheulen. Echter Schmerz lässt Tränen haltlos fließen, ob Sie dabei sind oder nicht, denn Mitweinen macht ihn noch schlimmer. Krokodilstränen heben sich aber gegenseitig auf. Darum erzielt Mitheulen meist eine blitzartige Heiterkeit – aber auch ungeahnten Zorn.

Schon gut, man sollte nicht immer so schlecht denken. Aber haben Sie sich einmal gefragt, warum Frauen wasserfeste Wimperntusche verwenden, wenn sie ins Büro gehen? Womit rechnen sie? Mit einem Defekt der Sprinkleranlage? Einem Sturz ins Waschbecken? Einer Situation mit dem Chef, die mit Wimmern und Stöhnen verbunden ist?

Frauen rechnen mit allem. Darum haben sie immer Taschentücher dabei – und Spiegel.

Der feste Griff in Ihre Tasche

Sind Sie geheilt von Frauen, die sich als habgierige Wirtschaftshamster entpuppt haben? Und die brave Computermaus konnten Sie ebenfalls als Termitenkönigin enttarnen? Bravo! Jetzt präsentieren Sie Ihren Freunden die endgültige Siegerin über Ihr schmerzgestähltes Herz und Ihren ramponierten Geldbeutel: das Aschenput-

tel mit den Rehaugen, den langen Haselnusshaaren und der Nixenfigur, die sich um die Tiere des Waldes kümmert und nicht einmal eine Brieftasche besitzt. Die freilich kann nicht an Ihrem Geld interessiert sein, sonst hätte sie schon einen Prinzen geheiratet, was ihr sicher leicht gefallen wäre. So denken Sie, dabei sollten Sie eines wissen: Diese Dame wird Ihre teuerste!
Um sich vor Leidensfrauen zu schützen, muss man sich in einigen wesentlichen Punkten auskennen:

Wie funktionieren Frauen?

Noch bis ins 18. Jahrhundert wurden Frauen als possierliche Tierchen betrachtet. Davon ist man heute weit entfernt, doch schadet ein Verständnis gewisser biologischer Mechanismen nicht, um das Wesen einer Frau zu begreifen. Es ist hinlänglich bekannt, dass Weibchen in relativ kurzer Zeit den besten Erzeuger und Erhalter ihrer Brut finden müssen. Ganz kluge Weibchen gaukeln gleich mehreren Männchen vor, dass sie als Väter infrage kommen, um sich perfekt abzusichern. Und weil auch heute kein Chemiker und kein Chirurg die biologische (Eier-)Uhr ganz abstellen kann, müssen sich Frauen dem Naturgesetz fügen und den Märchenprinzen finden, bevor das Östrogen und somit die Schönheit schwindet. Wie im Tierreich leben die menschlichen Männchen dafür fortwährend in einer quälenden Ungewissheit, die die Weibchen geschickt zur Manipulation nützen. Dass Sex dabei die Hauptrolle spielt, steht außer Frage. Traurig, aber wahr: Frauen können gar nicht anders, als den Mann schon bei der ersten Begegnung danach zu beurteilen, welche materiellen Vorteile er in eine Beziehung einbringen würde. Dabei ist der Zeitraum dieser Beziehung oft von vornherein kurz bemessen, sprich: Ein einziges Abendessen wird genauso nach dem größtmöglichen Nutzen beurteilt wie später die Ehe.
Viele Frauen wissen, abgesehen vom Beruf, meist ganz genau, was sie wollen, denn sie denken lange voraus. Doch weil sie Umwege und krumme Touren in Kauf nehmen, erscheinen sie oft ver(w)irrt oder abhängig. Nicht wenige streben nach sozialem Aufstieg und Sicherheit bei möglichst geringer Arbeit und Verantwortung. Freilich gibt es Ausnahmen, aber die haben dann auch kaum Probleme mit dem Östrogenausfall. Frauen stehen also unter einem enormen Druck, müssen schnell agieren und vor allem rechnen, da sich die Konkurrenz in allen Bereichen und Altersklassen vom Nachbars-

nymphchen bis zur kollagengestreckten Stammesältesten findet. Trost für alle Männer und springender Punkt: Rechnen ist die schwache Seite der Frau – in diesem Hohlraum gedeihen Gefühle. Freuen Sie sich also, wenn Sie am Ende einer Beziehung von einer Frau als «Fehler ihres Lebens» bezeichnet werden, dann waren wenigstens zwei Orgasmen gefühlsbedingt, schließlich hat sie sich verrechnet. Aber nehmen Sie sie keinesfalls ernst, wenn sie Ihnen tausend Bussis schickt oder Sie «unendlich» liebt! Frauen haben ein seltsames Verhältnis zu Nullen und wenig Vorstellung von wahrer Größe.

Und noch etwas: Frauen werden einfach von Kindheit an daran gewöhnt, hübsches Aussehen, Tränen und andere Gefühlsäußerungen gewinnbringend einzusetzen. Sie wissen so früh, wie sie ihre Väter manipulieren können, dass sie spätestens im Vorschulalter Meister des psychologischen Kleinkriegs sind. Kaum von der Windel befreit, kennen sie alle Tricks bis zu drastischen Mitteln wie Drohung, Liebesentzug und öffentliche Bloßstellung. Und wenn sie nicht gleich an den Richtigen geraten, lernen sie Tag für Tag dazu.

Wie analysieren Frauen Männer?

Während Sie sich schon mit ihrer Augenfarbe schwer tun, lässt Ihre Begleiterin Sie in Sekundenschnelle durch einen Scanner laufen, da, wie schon gesagt, die Uhr tickt und eine Frau keine Zeit verschwenden will. Als Erstes werden Sie dahingehend überprüft, ob Sie sich für kurz- oder langfristige Ziele eignen. Kurzfristig bedeutet, Sie dienen bestenfalls als Steigbügelhalter für die nächste, bessere Beziehung, schlechtestenfalls als Attraktivitätstest. Wundern Sie sich also zu Recht, wenn Sie sich eine Frau angeln, die Ihnen in mancher Hinsicht überlegen ist, und versuchen Sie herauszufinden, wen oder was sie wirklich im Visier hat! (Ihren besten Freund vielleicht, längerfristig?) Schon beim Eingangsgespräch wird eine Frau geschickte Fragen stellen, die sie darüber informieren, wie hoch ihre Chancen bei Ihnen sind, wie es mit der Konkurrenz steht, wie leicht Sie auf welche Art der Schmeichelei anspringen, wie großzügig Sie sind, wie Ihr Frauenideal aussieht und mit welchem Aufwand sie Ihnen dieses Idealbild vorgaukeln könnte. Ihre Kleidung verrät einer Frau nicht nur etwas über Sie, sondern auch über Ihre letzte Freundin (oder die Mama), vor allem aber Ihren Sozialstatus und Ihre Haltung. Dass Ihrem Schuhwerk besondere Bedeutung beigemessen wird, wissen Sie ohnehin. Aber einer Frau entgeht nicht einmal die Art, wie Sie sich Ihrer Jacke entledigen. Sie erkennt daran, wie vertraut Sie mit einem bestimmten Kleidungsstück sind, und zieht daraus ihre Schlüsse.

Sie genießen ahnungslos den Cabernet, denken sich zur Seidenbluse gegenüber schon die Strapse dazu, dabei unterliegen Sie einem gnadenlosen Check, einer echten Vielseitigkeitsprüfung. Jedes Wort, jede Geste findet Eingang in einen privaten Punktekatalog. Alle Aussagen über irgendein weibliches Wesen werden strengstens analysiert. Grundfragen sind: Wie weit ist meine Vorgängerin gekommen? Woran ist sie gescheitert? Wie schnell kann er mir wozu dienen? Was fehlt ihm? Und wenn ich ihm das gebe, was kann ich dafür verlangen? Frauen achten sehr genau darauf, worüber Sie schweigen. Das führt sie nämlich schnell auf die Fährte Ihrer Schwachpunkte. Meist sind diese aber ziemlich offensichtlich, besonders, wenn Sie wenig Geduld haben. Dass Ihre Liebhaberqualitäten in dieser Analyse eine untergeordnete Rolle spielen, müssen Sie leider zur Kenntnis nehmen. Angesichts der Vielfalt, Menge und Verbreitung von so genannten Massagestäben dürfte dies auch keine Überraschung für Sie sein.

Wie werden Männer funktionalisiert?

Selbst wenn Sie als Mann einer Frau den direkten Zugriff auf Ihr Barvermögen verwehren, ja sogar ein regelrechter Geizhals in punkto Geschenke sind, können Sie sehr wohl den utilitaristischen weiblichen Machenschaften ausgeliefert sein, indem Sie eine bestimmte nützliche Funktion erfüllen. Wie subtil Frauen dabei vorgehen, merken Sie meist zu spät. Da es vielen Frauen prinzipiell um den sozialen Aufstieg und Sicherheit geht und sie zahlreiche Wege kennen, um zu diesem Ziel zu gelangen, werden auch den Männern diverse Rollen zugeteilt. Sie können zum Beispiel derjenige sein, der einer Frau die Restaurants zeigt, die sie später erwähnen wird, um einen höheren Status vorzugeben, dasselbe gilt für kulturelle Veranstaltungen etc. Sie haben also die Rolle des Lehrmeisters, die recht angenehm sein kann, besonders in sexueller Hinsicht. Sie erklären ihr die Welt, und sie nimmt sich die Sachen, die sie für ihre späteren Pläne brauchen wird. Wundern Sie sich folglich nie über die anfängliche Begeisterung einer Frau für ihr eigentlich fremde Dinge, die sich schnell legt, sobald jene als nicht zielführend erachtet wer-

den. Die emsige Kletterin, die sich zuvor nicht einmal über einen Zaun traute, die mutige Taucherin, die allein kaum schnorcheln gehen würde, zeigt – sofern sie keine wirkliche Sportsnatur ist – rasch kein Interesse mehr, sobald sie erkennt, dass unter den Tauchern und Kletterern nicht der Mann ist, der sie weiterbringt.
Eine häufige Nutzfunktion sind Ihre Sozialkontakte, deren Wert für die Frau Sie dann sehen, wenn sie Sie verlässt. Wie Katzen es verstehen, ihre Besitzer in Leckerbissen herschleppende Sklaven zu verwandeln, nützen viele Frauen den männlichen Beschützerinstinkt schamlos aus. Davon können sicher jene Männer ein Lied singen, denen die Rolle des Handwerkers oder Chauffeurs zuteil wurde. Ja, und manchmal müssen Sie schlicht und einfach den Fernseher ersetzen. Frauen werden gerne unterhalten. Klingen deshalb Unterhaltszahlungen so lustig in ihren Ohren? Die Lösung: Es liegt an Ihnen, sich die richtige Rolle auszusuchen, bevor sie Ihnen zugeteilt wird!

So entdecken Frauen die Goldader

Es wäre verwegen zu behaupten, dass Frauen deswegen so auf knackige Männerärsche stehen, weil sich da die Geldbörse besser abzeichnet. Aber wenn schon dreijährige Mädchen wissen, dass man Papi am besten nach dem Essen auf den Schoß krabbelt, um ihm ins Ohr zu flüstern, wie sehr man sich rote Schuhe wünscht, und beiläufig erwähnt, dass die Freundin einen Superpapi hat, der ihr die besagten Schuhe schon gekauft hat, dann ist die weibliche Spezies mit Vorsicht zu genießen. Apropos Papi, ihn setzen die großen Mädchen bevorzugt als Druckmittel ein, um an Ihre Goldader zu kommen. Beschwert sich Ihre Freundin über ihren konservativen Herrn Papa, der ihr derzeitiges Outfit nicht toll findet, dann heißt das: Wenn du mir keine Kleider kaufst, muss das wieder mein Papi tun. Sagt sie, dass er so eifersüchtig auf Sie wäre, will sie Ihnen nur ein zweckorientiertes Kompliment machen, das Sie dazu bringen soll, mit dem Papi einen Wettkampf auszutragen in der Disziplin «Wer schenkt mir mehr, ohne etwas von mir zu wollen». Und es ist bei weitem nicht nur der (vermeintliche) Erzeuger, mit dem sie konkurrieren sollen, sondern immer wieder werden Personen ins Spiel gebracht, die Ihnen indirekt zeigen, dass es Ihre Freundin besser haben könnte. Zum Glück hat die Natur den Mann diesbezüglich mit einem schlechten Gehör, einem schlechten Gedächtnis und einem einfachen Verstand ausgestattet, sodass die meisten Anspielungen wirkungslos vorüberziehen und sich die Frau schon einiges einfallen lassen muss, um ihr Ziel zu erreichen. Denn den direkten Weg wählt keine. Oberstes Gebot: Der Mann darf sich nie ausgenutzt fühlen. Sobald eine Frau entdeckt hat, unter welchen Umständen (im Anflug von Verliebtheit, in Siegesstimmung; in der Hoffnung auf Sex, Zärtlichkeit, gutes Essen, bessere Laune oder Versöhnung; unter Verlustangst, Konkurrenzdruck oder schlechtem Gewissen) Sie bereit sind, Ihre Brieftasche zu öffnen, wird sie auf die richtige Dosierung ihrer Wünsche achten. Wie man eben einen Kautschukbaum anzapft, ohne ihn umzubringen. Kluge Frauen sorgen für Abwechslung, damit das Ziel nicht augenfällig wird. Und – schwupp – haben sie wieder ihre Garderobe komplettiert, die besten Restaurants durchgetestet, neue Sportarten erlernt, ihre Berufssituation verbessert und – am wichtigsten: sich wieder eine Sprungbrett geschaffen für die ganz große Eroberung.

Das Lebensziel der wenigsten Frauen scheint höher zu liegen als das einer Katze: auf dem Sofa ruhen, schön sein und schlafen. Viele Männer hingegen haben eine fatale Ähnlichkeit mit einem Deutschen Schäferhund, der schwanzwedelnd darauf wartet, was er herbeischaffen soll, nur um gelobt und gestreichelt zu werden. Und so kommt's, wie's kommen muss. Je schwächer eine Frau Sie einschätzt, desto unverblümter sind ihre Forderungen. Oder haben Sie diese Entwicklung in einer Beziehung nie gesehen? Je stärker, sicherer, undurchschaubarer Sie wirken, desto perfekter wird die Maskierung, mit der die Frau Sie von ihrem uneigennützigen Denken überzeugen will. Beliebte Kostüme sind die des romantischen Naturkinds, der sensiblen Missverstandenen und der um Eigenständigkeit ringenden Tüchtigen. Sie werden dem Naturkind die Urlaube finanzieren oder ein Pferd schenken, wenn nicht sogar ein Bauernhaus, der Missverstandenen den Psychiater bezahlen (mit dem sie dann durchbrennt) oder den Schönheitschirurgen, und der Tüchtigen stellen Sie so lange die richtigen Geschäftspartner vor, bis sie einer davon vom harten Schicksal der Berufstätigkeit erlöst.

Der erste Eindruck

Hier entscheidet sich schon Ihre künftige Rolle. So sollte der erste Eindruck keinerlei Schlüsse über Ihre finanziellen Möglichkeiten zulassen.

> Understatement in jeder Beziehung, vor allem in der Kleidung.
> Lügen Sie dreist drauflos, was Ihren Beruf betrifft.
> Legen Sie sich Visitenkarten zu, die nichts über Ihren Sozialstatus verraten.
> Setzen Sie ausschließlich auf Ihre körperliche Attraktivität und Ihren Esprit.
> Weichen Sie Fragen nach Beruf, Herkunft, Familie und bevorzugtem Stil aus.
> Machen Sie sich ausgiebig über Frauen lustig, die einen Mann zur finanziellen Absicherung brauchen, und schwärmen Sie gleichzeitig vom Origami-Vögelchen, das Sie Ihrer Ex zum Geburtstag schenkten.
> Lassen Sie durchblicken, dass Sie auf Geburtstage, Weihnachten und andere Geschenkstermine keinen Wert legen.
> Vereinbaren Sie das Rendezvous im Kino, im Museum oder bei einer sportlichen Betätigung und geben Sie sich bei der Auswahl des Restaurants bescheiden, ja studentisch-frech.
> Führen Sie Ihre Herzdame nur zweimal aus, beim dritten Mal darf sie ruhig für Sie kochen! Das heißt aber nicht, dass Sie den Geizhals mimen müssen! Wehren Sie sich lediglich dagegen, sofort die Geber-Rolle zu übernehmen.

Nützliche Tipps

> Gewähren Sie keiner Frau, nicht einmal Ihrer Gattin, Einblick in Ihr Gesamtvermögen! Behalten Sie sich zumindest ein geheimes Finanzrefugium.
> Die größten Feinde Ihres Kontos sind enttäuschte Ehefrauen, Freundinnen und Mitarbeiter.
> Fühlen Sie sich nicht geschmeichelt, wenn Ihre Freundin einen edlen Geschmack beweist (so schwer ist das auch wieder nicht!).
> Schenken Sie einer Frau grundsätzlich nicht das, worauf sie Sie hinweist, und erst recht nicht zu einem bestimmten Anlass! So kann sie einfach nicht mit Ihnen rechnen.

> Schenken Sie einer Frau Sachen, die länger halten (als die Beziehung), erst nach einiger Zeit! Verlegen Sie sich stattdessen auf Dinge, deren Wert schwer zu schätzen ist.
> Schenken Sie einer Frau nichts, womit Ihr Nachfolger noch Spaß haben könnte.
> Hüten Sie sich davor, einer Frau vor der Ehe beruflich oder finanziell weiterzuhelfen! Merken Sie sich, dass Ihr Wissen ebenfalls Kapital ist.
> Halten Sie sich stets vor Augen, wie Ihre Frau / Freundin vor Ihnen gelebt hat, und dass sie auch ohne Sie zurechtgekommen ist.
> Äußern Sie umgekehrt schamlos Ihre Wünsche! Lassen Sie sich ausführen, beschenken und verwöhnen! Und zeigen Sie Ihre Enttäuschung in Form von schlechter Laune.
> Ertappen Sie sich Weihnachten nicht dabei, dass Sie von der Angst gepeinigt werden, Ihre Freundin könnte Ihnen mehr schenken als Sie ihr. Ein sehr männlicher, weit verbreiteter Fehler! Und nehmen Sie es sich ruhig zu Herzen, wenn Sie, der edle Spender schönster Preziosen, einen Waschbeutel einer amerikanischen Fluglinie erhalten oder den Gutschein für eine CD.

Frauen wissen, dass Männer sich schämen, wenn sie rechnen. Sie wollen alles sein, nur nicht kleinlich. Geizhälse sind unbeliebt, und nichts können kluge Frauen besser, als ihnen ein schlechtes Gewissen anhängen. Wehren Sie sich beizeiten dagegen! Auch wenn Ihnen dabei vor Ihnen selbst graut: Führen Sie Buch darüber, was Sie für Ihre Freundin ausgeben. Und schämen Sie sich nicht, zumindest eine Gedankenrechnung anzustellen, was Sie im Gegenzug erhalten – gemessen an den Möglichkeiten Ihrer Besten. Trösten Sie sich, sie tut's auch. Aber nur wenn Sie den endgültigen Absprung aus der Beziehung schaffen wollen, sollten Sie ausrechnen, wie viel Flugkilometer drin gewesen wären oder – ganz schlimm – Besuche bei Ihrer Lieblingsdomina … Dies ist schon die Überleitung zu einem ganz wichtigen Punkt:

Muschis lügen nicht, oder doch?

Sind Sie davon überzeugt, dass Sie die echte Zuneigung einer Frau an dem Feuchtigkeitsgrad ihrer Vagina messen können? Es ist schon etwas dran an jener Theorie. Und eine trockene Muschi spricht nicht gerade für Begeisterung. Allerdings mag auch die Aussicht auf Geschenke etc. zu freudigen Orgasmen führen. Und sogar der heimliche Triumph, doch Siegerin über Ihr Herz und Ihren Geldbeutel zu sein, lässt manche Muschi nahezu übersprudeln. Meisterinnen im Bett sind auch Meisterinnen der Selbstbeherrschung – der unerlässlichen Basis für Täuschungsmanöver. Je bizarrer die Spielarten, desto vorsichtiger sollten Sie sein, denn hier wird das Netz für Ihre Abhängigkeit gesponnen! Allen Ernstes, würden Sie nicht lieber ein Eis lecken als einen (haarigen) Po? Welche Frau tut denn bei der vollendeten Fellatio etwas anderes als Ihnen einen Gefallen? Ihr Genuss liegt lediglich im Gelingen ihres Werkes. Aber natürlich gibt es Ausnahmen, nämlich die weiblichen Spaßvögel, die aus Spaß vögeln und auch sonst die Dinge nicht so eng sehen. Geil und lustig ist man von Natur aus, alles andere ist Kopfarbeit, Maßarbeit – und Arbeit verlangt nach Bezahlung.

Langzeitprophylaxe

Es ist einfach zu schön, einer geliebten Person alle erdenkliche Aufmerksamkeit angedeihen zu lassen. Es macht Freude und schmeichelt dem Ego, zuzuschauen, wie eine hübsche Freundin teure Kleider anprobiert (seltsam, alle passen!), und wie sie glücklich ist, wenn man die Scheckkarte zückt (possierliche Tierchen!). Aber eines Tages werden Sie feststellen, dass Sie für jedes Lächeln bezahlen müssen, dass die Fröhlichkeit Ihrer Begleitung in direktem Zusammenhang mit der Aussicht auf Geschenke steht. Und da ist es längst zu spät. Viele Frauen haben nun einmal eine Neigung zur käuflichen Liebe. Männer auch. So trifft man sich. Wenn Sie es anders haben wollen, müssen Sie rechtzeitig verhindern, als Big Spender oder Langzeitversorger angesehen zu werden. Vielleicht betrachten Sie einmal Ihr Sperma als Ihr höchstes Gut und handeln danach? Sie sind selbst schuld, wenn Sie zum Sparschwein degradiert werden, denn wer davon ausgeht, dass er für ein Abendessen Sex bekommt, bringt die Frau unweigerlich dazu, für ihre Liebesdienste materielle Gegenleistungen zu erwarten. Abendessen gegen Abendessen, Sex gegen Sex, Liebe gegen Liebe, Hilfe gegen Hilfe! Nur so können Sie einer falschen Verquickung von Gefühl und Leistung entgehen. Geben Sie einer Frau die Möglichkeit, nichts zu erwarten!

Alarmsignale, die Ihnen zeigen, dass Sie ausgenommen werden

- Häufige Bemerkungen wie «Das könnte ich mir nie leisten» und Klagen über die schlechte Lage der Frau.
- Grundlos miserable Laune, die sich bei Geschenken merklich bessert.
- Sexentzug nach der Weigerung, den Forderungen der Geliebten nachzukommen.
- Die Feststellung, dass es eigentlich immer Sie sind, der ihr nachläuft bzw. Zärtlichkeit als Erster zeigt.
- Ausbleiben der kleinen Liebesgesten.
- Seltsame Rechenexempel, z. B. wird Ihnen nach dem Urlaub, den Sie bezahlt haben, vorgeworfen, dass Sie zu viel Geld für Zeitschriften vergeuden.
- Ein simpler Test: Bitten Sie Ihre Herzensdame, Ihnen einen möglichst hohen Betrag zu leihen (ihren Verhältnissen entsprechend). Nur die, die etwas unternimmt, um Ihnen zu helfen, steht Ihnen auch wirklich zur Seite. Diskutiert sie lediglich darüber, vergessen Sie sie!

Gut im Bett ist gut gelogen

Obwohl wir inzwischen erfahren haben, dass es wenig bringt, den Partner mit einer detaillierten Verkehrsordnung und einem Satellitenleitsystem ins Paradies der unendlichen Orgasmen zu dirigieren, haben alternde Sextanten keine besseren Einfälle, als uns zur schonungslosen Wunschwahrheit aufzufordern, zum allabendlichen, mündlich vorgetragenen Brief ans Christkind («... und dann noch ein Kuss unterhalb des dritten Lendenwirbels»). Und ebenso vehement sollte die Verweigerung mancher Wünsche ausgesprochen werden. Ehrlichkeit, Offenheit und Fair Play als Grundprinzipien beim Sex? Ehrlichkeit mag ja ganz hilfreich sein, um im Notfall einen Brechreiz aufzuhalten, Offenheit kann durchaus kokett wirken («offen gesagt, ich steh mehr auf Jüngere ...»), und Fair Play verhindert bei gewissen Spielarten, dass der Partner im Keller vergessen wird. Aber mit dem wirklichen Spaß vertragen sie sich doch nicht ganz.

Die Lüge hingegen fühlt sich im Bett so wohl wie ein Beamter am Sonntag. Es sind die Schmeicheleien, die Halbwahrheiten, die falschen Versprechen und die Dinge, die man verschweigt, die Sex zu dem machen, was er eigentlich ist: ein faszinierendes Spiel. Wer ist schon dem Mann böse, der einen mit der Aussicht auf ein Frühstück in Paris ins Vorort-Schrankbett lockt und am nächsten Morgen zum Begräbnis der Schwiegermama muss, wenn der Abend zauberhaft war? Und ächten Sie eine Frau nur deshalb, weil sie Ihnen ihren Zuhälter verschwiegen hat? Schließlich haben Sie ihr ja auch nicht gleich Ihren Chef vorgestellt.

Einstiegsschwindeleien

Bei den Einstiegsschwindeleien zeigen sich die wahren Profis, die Lebenskünstler, die Schauspieler aus Passion – oder Notwendigkeit. Der Frühling verführt regelrecht dazu, sich mit neuer Identität ins Balzgetümmel zu werfen. Und gibt es etwas Amüsanteres, als flugs den Ehering verschwinden zu lassen, einem kleinen Flirtopfer das Blaue vom Himmel vorzulügen, blitzschnell die Träume und Wünsche zu erraten, und wie die gute Fee – nein, so ein Zufall – die idealen Eigenschaften hervorzuzaubern? Ungeschlagen in dieser Disziplin bleiben seit eh und je die Italiener, Schwindler aus Passion. In unseren Breiten scheitern solche Inszenierungen einfach an der mangelnden Kooperation von Kellnern, Freunden, Patenonkeln. Zuweilen mangelt's schlichtweg an Humor.

Schwindeln im Bett

Schwindeln im Bett erfordert eine grundsätzlich fröhliche Einstellung, eine gewisse Form der Nächstenliebe, ein hohes Maß an Flexibilität – und ein gutes Gedächtnis. Zählen Sie sich zu den armen Ernsten, die mit Komplimenten geizen, weil sie deren Wahrheitsgehalt zuerst überprüfen müssen, sollten Sie gar nicht weiterlesen. Komplimente sind immer kleine Lügen, aber unverzichtbar im Leben wie im Liebesspiel. Sie öffnen Tür und Tor, manchmal auch Portemonnaies, Lippen und Schenkel und retten uns aus brenzligen Situationen. Für Frauen sind sie Gradmesser der Liebe und werden äußerst kritisch wahrgenommen, manche davon bleiben wie ein Schmuck lebenslang gehortet und verwahrt. Männer hingegen wehren sich recht gern gegen verbale Streicheleinheiten – und fallen auf die einfachsten Schmeicheleien herein, weil sie erstens weitaus weniger unter Selbstkritik leiden wie Frauen und zweitens Bewunderung – oder Mitleid – so nötig brauchen.

Trotz aller propagierten Versagensängste des Mannes ist es sogar wissenschaftlich erwiesen, dass Männer bei der Selbsteinschätzung ihrer sexuellen Qualitäten wahrlich nicht bescheiden sind – ganz im Gegensatz zu den Frauen, die von früh bis spät von Zweifeln geplagt werden und sich ständig an Hochglanzidealen messen. Männer sind Eroberer und wollen Neuland betreten, Frauen die Konkurrenz auf allen Linien schlagen und unersetzbar werden. Das sollte man bei Komplimenten ebenso bedenken wie bei der Darlegung der eigenen (Liebes-)Vergangenheit. Für Frauen heißt das, dass sie, sobald sie den Jungfernbonus verspielt haben, einen anderen «weißen Fleck» auf ihrer Sexlandkarte anbieten müssten. Das ist wirklich nicht schwer. Schließlich sind Männer sehr leichtgläubig, und wenn Damen nicht gerade kuriose Narben oder ein halbes Telefonregister als Tattoo auf ihrer Kehrseite tragen, können sie selbst im fortgeschrittenen Alter Tollpatschigkeit beim Anlegen eines Kondoms, Staunen über Küsse im Schambereich und blankes Entsetzen (den «Lewinsky-Blick») bei der Aufforderung zur Fellatio mimen. Sie gönnen dem Mann die Führungsrolle, die ihm sonst so oft versagt ist, und fallen nicht auf Statistiken herein, in denen sich Männer Frauen mit Eigeninitiative wünschen! Merke: Männer mögen Rotkäppchen mit den dummen Fragen, nicht Schneewittchen, das sich einfach ins Bett legt!

Die Krux ist, dass verbale Komplimente auch die physische Bestätigung erfordern, sprich: Eine Frau muss ihre Lust mannigfaltig körperlich kundtun, seit Männer sich ein beängstigendes Wissen über Hautrötungen, Uteruskontraktionen und Pulsfrequenzen angeeignet haben und sich der Orgasmus nicht mehr so lustig herunterjapsen lässt. Umgekehrt will «die Beste im Bett» die edle Samenspende als Trophäe, und da sind die Männer schon wieder schlechter dran. Aber: Kein Mann kann einen echten von einem gut getricksten Höhepunkt unterscheiden, umgekehrt spürt keine Frau den Samenfluss am rechten Ort, es sei denn er trifft auf eine Sahelzone.

Jedem kann es passieren, dass sein Körper nicht hält, was die Gesten versprachen. Oft gerade dann, wenn man sich mächtig darauf gefreut, lange gewartet oder einfach damit gerechnet hat. Nix wird's mit dem Quickie am Bahnhof, der Ritsch-Ratsch-Nummer im Vor-

zimmer und dem Turbostoß neben der Mikrowelle. Eine zu große Erwartung kann die Lust gewaltig vermiesen und rechtfertigt gleichzeitig die nachfolgenden Schwindeleien. Auch die Tatsache, dass das Neue immer aufregender scheint als das Bekannte – und jeder Partner wird irgendwann fad –, führt zu Enttäuschungen. Dabei grenzt es an Schwachsinn, den netten Sexratschlägen nach dem Motto «aus Alt mach Neu» zu folgen und den Partner auf einmal mit einer Gummimaske zu überraschen, wenn man sich doch schon so an den Baumwollripps über den laschen Speckfalten gewöhnt hat. Für Abwechslung muss man von Beginn an sorgen, im Nachhinein wirkt vieles lächerlich. Keine Frau wird neu, nur weil sie auf einmal die Schamhaare statt des Oberlippenbärtchens rasiert. Und ein Hauptschullehrer, der nach etlichen Ehejahren von seiner Gattin «Englisch spezial» verlangt, macht sich nur verdächtig.
Lust zu mimen ist die Königsdisziplin der Frauen. Die Frau, die sich vor einem kritischen Partner fürchtet, der das Ergebnis seines Schwanzwedelns minuziös überprüft, sollte wissen, dass Männer im Liebesrausch nicht einmal ein Schweinsohr von einer Vagina unterscheiden können. Als Verstandesmenschen verlassen sich Männer immer noch auf Auge und Gehör. Darum stöhnen Damen nicht nur, sondern erzählen kleine Märchen über die unglaubliche Zahl der Orgasmen, die sie gerade durchschüttelt (begleitet von typischer Mimik: geschlossene Augen, offener Mund, leichte Hängezunge – na, wie kurz vor dem Hitzetod eben), bitten Sie um Schonung, weil sie so etwas nicht gewohnt seien, und strengen sich beim Japsen und Röcheln heftig an, damit der Puls glaubwürdig rast! Alkoholgenuss zuvor sorgt für die nötige Körpertemperatur und bei entsprechendem Säureanteil (Sekt) ganz automatisch für die erwünschten Rötungen. Das Indiz aber, auf das Männer den größten Wert legen, die Feuchtigkeit in der Intimzone, lässt sich in einem günstigen Augenblick mit einem fast geruchlosen, fettfreien Gleitmittel aus der Apotheke (schneller warm als Gel) herbeizaubern (die Behälter sind von der Größe her extrem praktisch). Manche Frauen mimen eine drohende Ohnmacht oder beginnenden Irrsinn, das mögen Männer besonders! Ganz zu schweigen von Tränen, wie man's ja in der Schule gelernt hat. Mehr Übung braucht ein heftiges Muskelzucken, deswegen tut's ein Zähneklappern auch, bevor die totale Erschöpfung erfolgt. Absolute Glaubwürdigkeit erreichen Frauen mit zeitweiliger Verwei-

gerung und gespieltem Ärger über einen ausgebliebenen Höhepunkt.

Vergangenheitslügen

Vergangenheitslügen gehören zum Liebesspiel dazu, weil man ja ab und zu etwas reden muss. Viele Frauen haben derart zahlreiche Varianten ihres Vor- und Liebeslebens parat, dass ihnen zuweilen der Durchblick fehlt. Als Mann sollten Sie dem nicht allzu große Bedeutung beimessen, denn die Geschichten dienen ohnehin nur einem Zweck: die sexuelle Attraktivität Ihrer Partnerin ins – augenblicklich – rechte Licht zu rücken. Aber die wenigsten Frauen zaubern einen vergangenen Liebhaber in ihren Kopf, um besseren Sex zu erleben. Das ist eher die Variante der Männer, die die Frau im Kopf brauchen, um jene im Bett zu befriedigen.
Männern aber sei gesagt, dass sie nie erfahren werden, was eine Frau denkt, wenn sie Sie – aus welcher Position auch immer – durch ihre Wimpern beobachtet, wie Sie sich plagen und tierische Grimassen schneiden! Wundert es Sie eigentlich, dass Frauen ab und zu von King-Kong träumen und nichts dagegen hätten, einmal von einem Tiger vergewaltigt zu werden? Esel kennen sie ja schon.

Kuckuckskinder

Sind Männer wirklich so blöd? Oder ist es der Umgang mit dem weiblichen Geschlecht, der selbst ausgefuchste Manager zu kurzsichtigen Trotteln macht? Diese und ähnliche Fragen muss man sich angesichts eines seltsamen Phänomens stellen, nämlich der Tatsache, dass Männer bei ihrem Nachwuchs kaum einmal auf dem eindeutigen Nachweis ihrer Vaterschaft bestehen. Warum hat noch keiner einen obligatorischen Vaterschaftstest gefordert, wenn doch sonst auch alles penibel behördlich überprüft wird, sobald sich ein neuer Erdenbürger ans Licht der Welt wagt? Es ist richtig lustig, sich auszudenken, wie viele Männer anstandslos Alimente zahlen oder Kinder versorgen, die gar nicht von ihnen stammen, während sie mit dem sauer verdienten Geld monatelang die Welt bereisen oder sich ebenso lang in netten Etablissements vergnügen könnten. Vielleicht ist es der Stolz auf die Fortpflanzungsfähigkeit, der den sonst so klaren Verstand trübt. Vielleicht aber haben viele Männer schlicht aufgegeben, nachdem sie gesehen haben, welch vergeblichen Mühen sich unsere nächsten Verwandten im Tierreich unterziehen, um die Weitergabe des eigenen Erbguts zu sichern. Man muss kein Pavian sein, um zu wissen, dass selbst die schärfsten Kontrollen ein Weibchen nicht davon abhalten, sich blitzschnell mit einem Konkurrenten zu paaren, der eben die kleinste Gelegenheit nutzt. Die beiden Vögelchen über dem Ehebett können leider auch nur noch spöttisch betrachtet werden, nachdem man weiß, wie's die Turteltauben, Schnepfen und Gänse mit der Treue halten.

Das erste und einzige Aufflackern eines Zweifels an der Vaterschaft, nämlich die männliche Standardfrage nach der Schwangerschaftsankündigung: «Bist du dir sicher, dass …», wird derart rasch und heftig abgewürgt, dass ein Mann den Satz gar nicht zu Ende bringt, geschweige denn eine konkretere Frage anschließen würde. Dabei entscheidet sich hier Ihr künftiges Leben! Frauen sind schlecht im Rechnen, Männer im Zurückrechnen. Sogar die weich gekochten Spezialisten, die über den Zyklus ihrer Frau bestens Bescheid zu wissen glauben, nachdem sie ein bisschen Verhütung nach Hausmannsart gespielt haben, dürften sich eigentlich vom Pavian brüderlich auf die Schulter klopfen lassen. Männer halten gnadenlos an der Vorstellung fest, Sex würde nur zu später Stunde im Ehebett stattfinden. Natürlich hat das auch mit der Überzeugung zu tun, der Größte und Beste zu sein, was einem die lächelnden Frauen wunderbar weismachen können. Voll befriedigt ist wie voll gefressen. Da will man nicht mehr. Na ja, und so denkt sich der liebende Gatte nichts dabei, wenn die glückliche Ehefrau halterlose Strümpfe zum Einkaufen anzieht (weil die angenehmer seien als Strumpfhosen), und noch weniger, wenn das angebliche Frühchen fast vier Kilo wiegt. Und weil Männer so unendlich liebebedürftig sind, werden die letzten Zweifel einfach hinweggeküsst, sodass ein vermeintlicher Vater sogar noch in einem Schimpansengesicht Ähnlichkeiten mit sich oder seiner Mutter finden würde. Die männliche Vertrauensseligkeit hält manchmal selbst dann an, wenn die sechzehnjährige Tochter dem Onkel aus Pakistan auffallend gleicht, während die Eltern eher sehr nordisch wirken. Väter glauben die Geschichten von südeuropäischen Urahnen so gerne wie die Märchen über gigantisch abnormale Zyklen. Manche Frau müsste direkt wissenschaftlich untersucht werden, da ihre versetzte Empfängnis dem Wunder der Unbefleckten gleicht.

Wäre es für einen Mann eine derartige Schmach, zu erfahren, dass er betrogen wurde, dass er es gar nicht bestätigt haben möchte? Ökonomische Gründe können es ja wohl nicht sein, denn allein schon die Rechnung, wie viel er sich an Alimenten ersparen würde, wenn er nicht als Erzeuger infrage kommt, dürfte ihn zum Vaterschaftstest treiben. Aber Männer sind anständig. Sie stellen keine demoralisierenden Fragen, die doch eigentlich ganz angebracht und vernünftig wären. Sie stehen über solch banalen Dingen und grübeln höchstens heimlich über manche Ungereimtheiten nach. Und dann trösten sie sich damit, dass ihre Geliebte bestenfalls skurrilen Schönheitsidealen entspricht und gar nicht in Versuchung geraten kann. Wissen Sie eigentlich, wie dankbar hässliche Entlein sind? Und wie viele Briefträger, Busfahrer und Fliesenleger davon profitieren? Außerdem sind sie günstig zu haben, stellen weniger Ansprüche als die schönen Komplizierten, die darüber hinaus viel strenger bewacht werden. Auch Mutterschaft schützt nicht davor, übers Ohr gehauen zu werden. Ganz im Gegenteil! Erstens haben Mütter viele Wege, viele Bedürfnisse und viel Ärger, sodass sie nur allzu gern auf Verständnisheuchler hereinfallen, und zweitens kann gar nichts passieren, denn es gibt ja schon einen Dummkopf, der alles bezahlt. Die meisten Frauen hingegen würden sich wahrscheinlich keine Kuckuckskinder unterjubeln lassen, sind sie doch von Natur aus misstrauischer und geradezu süchtig nach hieb- und stichfesten Beweisen, amtlichen Zeugnissen und einklagbaren Versprechen. Als Mann gibt man sich nur zu gern mit dem schönen Schein zufrieden, schon allein deshalb, weil Frauen gar so empfindlich sind, besonders Schwangere. Früher mussten sich die Frauen wenigstens mit einer gut gespielten Ohnmacht aus peinlichen Situationen manövrieren, heute genügt die Ankündigung einer depressiven Verstimmung. Und deshalb traut man sich nicht zu fragen. Aber wie heißt es doch treffend: Wer nicht fragt, bleibt dumm. Das kann Sie teuer zu stehen kommen, meine Herren! Selbst wenn Ihr Sprössling die gleichen Hasenzähne und Segelohren hat wie Sie, sagt das nur, dass Ihre Frau Männer mit Hasenzähnen und Segelohren auch im Bett mag, sonst nichts. Oder können Sie wirklich mit einem einzigartigen Merkmal aufwarten, einem Ringelschwanz oder so? «Na, habe die Ehre!»

«You've picked out a fine time to leave me ...» jammert der sitzen gelassene Cowboy, und die harte Männerwirklichkeit sieht nicht anders aus. Frauen verabschieden sich gerade dann aus dem gemeinsamen Leben, wenn man sich einen Lieblingsfilm anschauen will, aufs Schnitzel nach einem üblen Tag wartet oder eben mit der Zweitfrau Schluss gemacht hat. Verlassene Männer quält neben der zukunftsorientierten Frage, wer denn nun und wie lange für die Haus- und Bettarbeit angelernt werden muss, nur ein Rätsel: Warum ist «sie» ausgerechnet jetzt davongelaufen?
Männer, aktiv und realitätsbezogen, wühlen nicht so gern in der Vergangenheit, und da sie sich ohnehin schon schwer tun mit allen Dingen, die nicht extra auf dem Terminkalender vermerkt sind, ist der «plötzliche» (so wird er immer empfunden) Auszug der geliebten Frau ein ordentlicher Denkbrocken für die kleinen grauen Zellen, in etwa vergleichbar mit einem argentinischen Festtagsessen nach mehrjährigem Heilfasten. Ganz logisch, dass sich die kleinen grauen Zellen für den Freitod im Delirium entscheiden, bevor sie sich ergebnislos zu Tode rackern. Nichtsdestotrotz wundern sich Männer gern. Und jede Frau muss zugeben, dass das unwiderstehlich ist, wenn sich die Kerle wundern, so drollig große Kinderaugen machen, den Mund offen lassen und ein wenig sabbern. Im Falle des Verlassenwerdens geht das «Sich-wundern» im Schneckentempo und eigentlich rückwärts vor sich.
Ganz allmählich fällt dem Neo-Single ein, dass Schatzimausi unlängst einmal gedroht hat. Aber wer fürchtet sich schon vor einer drohenden Maus? Frauen haben den Nachteil, dass sie so possierlich wirken, noch dazu, wenn sie in Unterwäsche oder mit der Zahnbürste im Mund böse Warnungen aussprechen. Auch ein Kochlöffel ist nur ein schlechter Smith & Wesson-Ersatz. Um von Männern wirklich richtig verstanden zu werden, sind drastische Mittel der einzige Weg. Männer wiederum sehen zwar den Zaunpfahl, mit dem ihre Partnerin winkt, doch halten sie sicherheitshalber erst einmal alles für eine nette Marotte. In der großen Zeit des Wunderns stolpert der Verlassene reihenweise über Alarmsignale, die von der Partnerin zuerst absichtlich, dann versehentlich gesetzt worden sind. Und er hat sie glatt ignoriert.

Es ist einfach ein höchst seltenes Ereignis, dass eine Frau ihren Partner schwuppdiwupp mit dem Ende ihrer Beziehung konfrontiert. Die Dame, die sich mitten im wildesten Orgasmusgestöhne die Lippen schminkt, ihrem ahnungslosen Gespielen noch ein «Ciao» ins Ohr leckt und dann verschwindet, sieht meistens supergeil aus, ärgert leidenschaftlich gern Männer – und kommt im selben Tempo wieder ins Bett zurückgeflogen, wenn die schlechte Laune vorbei ist. Doch Frauen, die sich entschlossen haben, endlich reinen Tisch zu machen, tun dies ausgesprochen gründlich. Sie planen sehr lange im Voraus und werden sich nach den missachteten Warnschüssen darauf verlegen, ihren Partner dumm sterben zu lassen. Sicherheit ist angesagt, denn keine Frau ist darauf aus, in Armut zu enden. Sie wird versuchen, unbemerkt das Beste aus der Beziehung in ihr neues Leben hinüberzuretten. Das heißt, dass sie im Augenblick des Abschieds schon meist einen anderen Partner in Aussicht, wenn nicht gar schon geheiratet hat. Der wird freilich aus taktischen Gründen erst viel später präsentiert.

Der Anfang vom Ende beginnt mit einer Phase intensiver Werbung. Man lockt sozusagen den Partner noch einmal zu Vergleichszwecken aus der Reserve. Seien Sie also auf der Hut, wenn Ihre Langzeitbettgenossin auf einmal «alle Stückerln» spielt, besonders die, die sie Ihnen sogar als Phantasien verboten hat! Werden Sie hellhörig, sobald sie auffallend oft Koseworte oder Szenen aus der ersten Zeit Ihrer Liebe wiederbeleben möchte! Da hat sie schon auf dem Dachboden die Liebesbriefe und Souvenirs zusammengesucht. Der nächste Schritt führt zu zweckgebundener Freundlichkeit, schließlich sollen Sie nicht nur noch ein bisschen geschröpft werden, sondern auch in ewiger Trauer eine ideale Partnerin vermissen. In Ihren Erinnerungen muss eine Frau auftauchen, wie schöner, gütiger und fürsorglicher keine Zweite auf Erden ist. Warum wohl? Na ja, im Fall einer Scheidung sind Sie versöhnlicher, gehen leichter auf ihre Forderungen ein, und ansonsten wird damit ein ganz anderes Ziel verfolgt: Sie werden sich so schnell auf keine neue Beziehung einlassen. Derart wischt man der Konkurrenz gleich auch eins aus! In diesem Zusammenhang dürfen Sie bei extravaganten Sexvarianten, die Ihre Partnerin Ihnen gleichermaßen auf den Leib schneidert, sehr misstrauisch sein! Ganz hinterlistige «Aussteigerinnen» lieben es, Sie vor dem Ende sexuell abhängig zu machen, weil es für sie ein unglaublicher Spaß ist, Sie nachher wie einen Hund lechzen zu sehen (oder zu hören) und zu wissen, dass Ihre neue Partnerin nur zu ihrem Vergnügen kommt, weil Sie dabei an Ihre Ex denken. In harmloseren Geschichten richtet sich die Aufmerksamkeit der Dame eher auf die Frage: Wie bring ich ihn dazu, mir beim Abflug zu helfen, ohne dass er etwas merkt? So unsinnig dieses Unterfangen klingen mag, so oft gelingt es, weil Männer sich hartnäckig weigern, ein wenig am hehren Damenbild zu kratzen. Ahnungslos helfen sie beim Abtransport einer ganzen Schiffsladung von Koffern und Schachteln – angeblich sind es die Wintersachen, die ausgemustert werden –, sie bezahlen Tickets für den Einzelflug nach Südamerika zur Hochzeitsfeier einer bis dato ungenannten Freundin, sie lassen den neuen Psychotherapeuten ihrer Partnerin im eigenen Haus übernachten, bewirten ihn, obwohl er ihnen teuflisch unsympathisch ist, und organisieren zu allem Überfluss noch die vermeintliche Hochzeit mit der Traumfrau, zu der sie dann freilich nicht eingeladen sind.

Die bitterste Phase beim geheimen Countdown, aber auch die, bei der Sie noch einmal das Ruder herumreißen könnten (wenn Sie sie nur erkennen würden!), ist jene, in der Ihre Partnerin gedanklich schon abgesegelt ist. Typisch dafür sind der geänderte Tonfall – nicht mehr lieb, sondern gezwungen – und die zunehmende Ablehnung körperlicher Nähe. Küsse wären hier die besten Tests! Und spitzen Sie einmal die Ohren, wenn Sie Pläne schmieden, ob Ihre Partnerin noch voll bei der Sache ist oder nicht! Höchste Vorsicht ist angebracht, wenn sie Sie entgegen ihrer sonstigen Gewohnheit plötzlich davon abbringen will, viel Geld in ein gemeinsames Projekt, einen künftigen Urlaub oder ein Haus zu stecken. Will sie nämlich für eine gute Nachrede sorgen, dann sollen Sie nicht behaupten können, sie hätte Sie noch irgendwo «hineintheatert». Ja, und eine, die gehen will und die Koffer bereits gepackt hat, wird sich wohl am meisten dagegen wehren, ein Kind von Ihnen zu bekommen. Es sei denn, sie denkt wieder extrem weit und kompliziert voraus … Aber eine ganz passable Möglichkeit, die Loyalität Ihrer Partnerin ein bisschen zu überprüfen, ist es allemal, vorausgesetzt freilich, es bleibt bei der reinen Theorie!

Ganz zum Schluss bleiben noch die praktischen Dinge übrig. Wenn wichtige Dokumente unter fadenscheinigen Argumenten verschwinden, Haustiere zu den Eltern auf Kur geschickt werden und – sehr wichtig! – neue berufliche Fähigkeiten erworben werden, ohne dass es dafür gravierende Gründe gibt, sollten Sie den Mund aufmachen!

Kopfschmerzen und unerklärliche Sentimentalitätsanfälle sind die letzten Zeichen des inneren Abschieds, und während Sie noch fröhlich Ihre Pizza mampfen, weiß «sie» schon längst: «Das ist der letzte Abend. Schluchz – hurra!»

«Sparen Sie sich diese Frauen»

Die Prüden mit der großen Klappe

Ganz einfach: Glauben Sie keiner Frau, die ihr Sexleben möglichst vielen zu Gehör bzw. zu Gesicht bringen will! Nichts ist so peinlich wie das Gefasel von späten Mädchen, die sich darauf verlassen, dass die Krähenfüße um ihre Augen und die leicht laschen Brüste Bände über ein von – gutem! – Sex geprägtes Dasein sprechen. Da tauchen allenthalben Sexbeichten auf, die ein bisschen Geschubse im Fahrstuhl als Anal-Quickie mit einem (oder mehreren!) Unbekannten schildern. Kesse Omis geben Schlüpfriges von sich (Inkontinenz ist nicht gemeint!), und kleine Heidis schwärmen vom heißen Sex mit dem Alm-Öhi. In all den Romanen mit autobiographischen Zügen, die bei uns so populär sind, kommt unter allen kühnen Anspielungen doch die «deutsche Hausfrau» durch, die schneller «Igitt!» sagen kann als «Sex».

Die weiblichen Sex-Protze schießen wie Boviste aus dem Boden. Und man fragt sich nur, woher der gefährliche Frustzug um die Mundwinkel stammt, der gerade diesen Geschöpfen eigen zu sein scheint. Verfehlt der Sex seine Wirkung? Oder kann er sie nicht entfalten, weil die Hormone in künstliche Bahnen gelenkt werden? Warum sehen immer die so seltsam verbissen aus, die sich damit brüsten, viel begehrt und gut im Bett zu sein, und dann leider ganz und gar keine Ähnlichkeit mit den wahren Idolen männlicher Sexgelüste haben?

Manche Männer glauben tatsächlich, dass die graue Maus, die nach ein paar Gläschen frivol daherschwatzt und dazu kichert, eine unentdeckte Quelle sexueller Verheißungen wäre. Und dann haben sie es im Bett, das Mäuschen, das leicht beschwipst und starr vor Schreck auf den großen Zauberer wartet. Eine Frau, die sich auf ihre Naturgaben verlassen kann, denkt gar nicht daran, sich verbal ins Zentrum zu rücken. Sie kennt ihre Wirkung und hält dort den Mund, wo die erotische Ausstrahlung mehr erreicht als jede Anspielung. Aber die Prüden können ja gar nicht anders, als ihre wenig einladende Erscheinung durch kühne Reden wettzumachen. Was unter Teenies noch den Anflug von Schihütten-Angeberei hat, gleitet bei älteren Semestern ins Lächerliche ab. Trotzdem ist die Taktik weit verbreitet, besonders in Situationen, wo mehrere Frauen um die Gunst von Männern buhlen. Manche Prüde bedient sich dann eines Tonfalls, der so männlich-sachlich rüberkommt, dass er an die derben Sprüche abgebrühter OP-Schwestern erinnert und schon allein deshalb aufhorchen lässt. Andere wiederum glauben, dass sie mit ein, zwei Luftblasen in Form von erotischen Andeutungen und einem wilden Mienenspiel den Trick herausgefunden haben, der Frauen geheimnisvoll-unwiderstehlich macht.

Am schlimmsten freilich wird es, wenn solche Frauen – von Männern angestachelt – dazu übergehen, zweideutige Geschichten und Witze zum Besten zu geben. Und wahrscheinlich bemerken sie gar nicht, dass die Männer weniger der Inhalt des Erzählten, sondern die Vorstellung amüsiert, eine Frau vor sich zu haben, die daheim einen Penis nur im Stockfinstern betrachtet und hier orale Pointen liefert. Obwohl den meisten Männern schon der gesunde Menschenverstand sagt, dass sich hinter der großen Klappe nur eine Prüde mit kleinen sexuellen Ansprüchen verbirgt, gelüstet es doch einige, die Prüden ins Bett zu bringen. Vielleicht nur um ein altes Spielchen zu spielen: «Ich werd dir zeigen, was dabei herauskommt, wenn man den Mund zu voll nimmt!» Aber warum sollten Sie sich und einer protzigen Prüden Probleme bescheren? Richtig Spaß haben werden Sie ohnehin nicht! Verzichten Sie lieber auf ein selbst gebasteltes Lehrstück und lassen Sie die Prüde plappern. Für Umerziehungsmaßnahmen ist eine Affäre wahrlich nicht geeignet und das Bett bei weitem der schlechteste Platz. Haben Sie es nötig, einer Dame, die sich provokant oder abfällig über gewisse Sexpraktiken äußert und dabei Wilhelm Buschs Adele gleicht, eine Lektion zu erteilen, indem Sie sie verführen und derart in die Enge treiben, dass sie zu Dingen ja sagt, die ihr noch nach Jahren die Schamesröte aufs Gesicht zaubern werden? Der beste Weg, einer großmäuligen Prüden zu begegnen, ist nicht, ihr via Oralverkehr den Mund zu stopfen, sondern sie entweder zu ignorieren oder sich nur scheinbar von ihren Erzählungen beeindruckt zu geben und sie dann vorsichtiger anzufassen als eine echte Jungfrau. Halten Sie sich derart zurück, dass sie sich plötzlich provoziert fühlt, und mimen Sie den prüden Kerl, der eben anders wirkt!

Das Phänomen der Sexprotzprüden taucht häufig in kleineren Damenrunden, etwa bei Kaffeekränzchen, in Lehrerzimmern, Stillgemeinschaften (Sieh da, ich hatte tatsächlich Sex!), bei Sporttreffen ohne Sport, aber auch in Sexshops und Videotheken und beim gemeinsamen Studium diverser Kataloge auf. Sex ist eben immer noch das beliebteste Thema, wenn es darum geht, die Hackordnung unter Freundinnen und Kolleginnen neu zu regeln. Schätzen Sie sich glücklich, kein Zuhörer bei einer munteren Versammlung geschiedener oder anderer unbemannter Frauen zu sein! Die Storys aus dem Intimtagebuch prüder Möchtegern-Erotikerinnen sind schon als Text in Magazinen unerträglich, aber Tatsachenberichte in Vier-Augen-(und Zweiundzwanzig-Ohren)-Gesprächen, wo eine schicke Fünfzigjährige die Herkunft ihrer Kreuzschmerzen mit ach so mysteriösen Anspielungen schildert, lassen jeden Mann Reißaus nehmen.

Frauen, die sehr persönlich Sex schildern müssen, ohne für irgendeine Hotline zu arbeiten, kommen wahrscheinlich gerade dort zu kurz, wo sie gern ein wenig mehr Erfahrung hätten. Aber es ist eben nicht einfach, zu einer stattlichen Sammlung von erotischen Abenteuern zu gelangen, wenn das Wichtigste fehlt: Lust. Die Prüden mit der großen Klappe glauben sehr oft, dass alles Glück in Liebesdingen, besonders der Weg zu sexuellen Höhenflügen, durch den richtigen Mann offeriert wird. Bei ihnen sieht die Sache so aus: Klappe auf, Augen zu, abwarten. Und weil die Männer, die durch das Geplappere neugierig den Erstversuch wagen, kaum einmal das erfüllen, was die Prüden im Stillen erhofft haben, taucht in ihren Erzählungen immer öfter das Bild von männlichen Unzulänglichkeiten auf, was wiederum andere Männer provoziert, die die nächsten Kandidaten werden. Insofern ähneln die Prüden mit der großen Klappe einigen Prinzessinnen aus dem Märchenbuch, nur dass am Ende der unmöglichen Wünsche und willigen Bewerber ein Happy End wartet, während im wirklichen Leben nur dann ein schönes Finale zustande kommt, wenn die protzende Prüde auf einen nicht minder prüden Protz trifft. Dann sitzen sie da, Hand in Hand mit rot glühenden Backen, und glucksen in der Runde vor sich hin («Kicher, kicher, wir haben's ... oops! ... nein, das sagen wir nicht, ... oops ... im ... gemacht!)

Ach, der Neid könnte einen fressen! Sollte man nicht doch einen kleinen Versuch wagen? Nur ein bisschen testen, wie das ist? – Aber bitte! Viel Vergnügen!

Die Problemzonenfrauen

Es scheint so gut wie sicher, dass Sie in Ihrem Leben kaum einmal einer Frau begegnen werden, die sich makellos und überdurchschnittlich intelligent findet und rundherum glücklich ist. Das Gefühl der Makellosigkeit wird ja meist von einer eher unterdurchschnittlichen Intelligenz begleitet, was zweifellos schneller zum Glücklichsein verhilft. Doch eine Frau, die sich absolut schön und superschlau findet, verdankt ihre raren Glücksmomente wahrscheinlich ein paar hochwirksamen Antidepressiva, dem Alkohol oder den Spätfolgen eines sündteuren Seminars …

Zumindest in unseren Breitengraden stellt sich bei Frauen eine andauernde Zufriedenheit nicht leicht ein. Die meisten beginnen schon im Vorschulalter unter ihrem Aussehen zu leiden, weil es doch immer und überall andere weibliche Wesen gibt, die einem klar vor Augen führen, dass man selbst als Prinzessin mit Fehlern geboren werden kann und lange als Entlein auf dem Hühnerhof überleben muss, um vielleicht einmal ein Schwan zu werden. Nicht einmal Mütter scheuen davor zurück, ihre eigenen Töchter auf diverse körperliche Mängel aufmerksam zu machen, nur um eine vermeintliche Konkurrenz im Kampf um Sex und Anerkennung klein zu halten. Von Kindesbeinen an traktieren sich Mädchen und Frauen wechselseitig mit geschickt platzierten Bösartigkeiten, die einer Kollegin, Freundin, Nachbarin es fast unmöglich machen, sich selbst schön und liebenswert zu finden.

Jede Frau kennt die Sticheleien in Form von falschen Komplimenten:

«Oh, das Kleid macht aber schlank!» will nichts anderes heißen als: «Du kannst froh sein, dass du das Kleid hast, du fettes Schnitzel!»

Wen wundert's, dass eine Frau ohne Ess-Störungen, Panikattacken und Minderwertigkeitskomplexe geradezu Seltenheitswert genießt?

Natürlich muss nicht alles gleich pathologische Züge annehmen, und eigentlich dürfen Sie sich freuen, wenn Sie eine Partnerin haben, für die Selbstkritik kein Fremdwort ist. Doch hüten Sie sich vor jenen, die kein anderes Thema kennen als irgendwelche Problemzonen!

Wie mühsam ist das Leben mit einer Frau, die sich vor Kummer in den Schlaf weint, weil die sprechende Waage wieder einmal Gemeinheiten von sich gegeben hat («Krawuzikapuzi! Dein Körperfettanteil entspricht dem Winterspeck eines Eichhörnchens!»), die mit verquollenen Augen aufwacht, um darob erneut in einen Heulkrampf zu fallen! Die tägliche Busenschau mit Heben, Drücken und Zwicken erfüllt bei vielen Frauen nicht medizinische Zwecke, sondern entpuppt sich als verzweifelter Versuch, eine Problemzone zurechtzuquetschen bzw. in eine zukunftsweisende Richtung zu bewegen. Als Mann ist man sehr schnell überfordert, Tag für Tag neue Argumente zu finden, warum die netten Brüste nicht aufgeschnitten, umgemodelt und zugenäht werden sollen. «Gefällt dir mein Busen? Na eben, weil ich einen Push-up trage. Du merkst selbst, dass ich ihn ‹machen› lassen muss, chirurgisch, versteht sich!» Die harmlosere Variante beginnt vergnüglich, endet aber auch nicht wesentlich besser: Da darf der Partner täglich irgendwelche Hormonsalben auf den Brüsten der Partnerin einreiben, von denen er bei mangelnder Sorgfalt höchstens selbst Ansätze einer Mastopathie bekommt, bevor die Liebste doch lieber auf Turnübungen schwört, die den Busen reif für Körbchengröße E machen sollen. Fruchten die Versuche nichts und fliegen die Einlagen für diverse BHs und Bikinis aus der Schublade, dann sollten Sie die Signale ernst nehmen und nicht warten, bis sich Ihre Partnerin vor dem Spiegel blaue Filzstiftlinien auf den Busen malt. Umgekehrt ist es auch nicht viel lustiger. Frauen, die in ihrem großen Busen die Ursache für alle Schikanen sehen, die ihnen je widerfahren sind, und die endlich einmal um den Fahrschein anstelle der Adresse gebeten werden wollen, können einem Partner das Leben ebenfalls beachtlich erschweren. Immerhin wird er hilfloser Zeuge der zahlreichen Manöver, die Brüste in die letzten verfügbaren Normal-BHs zu zwängen, die Masse mittels Hungerkuren zu dezimieren, dem Überquellen durch tantrische Übungen Einhalt zu gebieten etc. Und welcher Mann leidet nicht mit, wenn seine Liebste sich im Bad zu Tode schämt oder beim Essen mühsam nach dem Besteck unter ihrem Vorbau tastet?

Die Damen, die ihre masochistische Ader zu erkennen geben, weil sie nicht müde werden, ihr wenig zufrieden stellendes Hinterteil im Spiegel zu betrachten, sind noch ein bisschen ärmer dran. Versuchen doch Sie einmal, eine Dreiviertelstunde über die Schulter hinweg Ihren Po zu begutachten! Sie scheitern doch schon, wenn Sie auf diese Weise einen Pickel ausdrücken wollen, stimmt's?! Die Problemzone Po macht sich in einem Hang zu langen Röcken, weiten Hosen und das Knie umspielenden Pullovern bemerkbar. Labber-Jeans als Vorstufen zu den Latzhosen der Umstandsmode tun ein Übriges dazu, die betroffenen Frauen in Depressionen zu stürzen. Oft geht die Fehleinschätzung der tatsächlichen Po-Größe so weit, dass Frauen ein Gesäß zu dick finden, das als Hüftweite gerade einmal deren Kopfumfang erreicht.

Aber was eine Problemzone sein kann, wird auch zu einer, wenn «frau» nur lange genug nachdenkt. Ist's die Nase nicht, dann wenigstens ihre Stellung im Gesicht ... Welch entsetzliche Kämpfe werden gegen die Cellulite geführt – und verloren! Wie furchtbar, wenn man die Partnerin nicht davon abhalten kann, ihre Oberschenkelhaut zu quetschen, bis endlich eines dieser Stigmata der Weiblichkeit erscheint! Und gleichzeitig erfolgt der Tod der Lust. Cellulite, bzw. der Wahn, eine Kraterlandschaft aus Fettpölsterchen auf Schenkeln, Po und Bauch zu haben, ist mit Sicherheit eine der häufigsten Ursachen für mangelndes Wohlbefinden im Bett. Manche Frauen finden Cellulite sogar an den Ohrläppchen, so fixiert können sie werden! Wie auch immer, für einen Mann entpuppt sich das Zusammenleben mit einer Problemzonenfrau als einziger Hindernislauf. Immer wieder gibt es einen Grund, Pläne umzuwerfen, weil am äußeren Erscheinungsbild etwas nicht stimmt. Und immer ist es dieselbe Region, die der Partnerin schmerzlich ins Auge sticht. Da nützt kein gutes Zureden, kein einfallsreiches Kompliment, zuweilen nicht einmal ein neues Kleidungsstück. Und manchmal nicht einmal eine Operation. Schwuppdiwupp verlagert sich die Problemzone eben vom Gesicht zum Gesäß und umgekehrt. Das Gesicht ist die heikelste Problemzone überhaupt, denn während sich alle anderen wenigstens ab und zu kaschieren lassen, ist dies dem Antlitz nur für Hochzeiten und Trauerfälle vorbehalten. Tun Sie sich deshalb um Himmels willen keine Frau an, die bei jedem Blick in den Spiegel einen Stich ins Herz bekommt! Es wird Ihnen nämlich nicht helfen, die normalen gegen konvexe Spiegel auszu-

tauschen oder Ihrer Partnerin heimlich Tollkirschensaft in die Augen zu träufeln. Und sprechende Spiegel, die Sie umprogrammieren könnten, gibt es einstweilen nur im Märchen. Also rüsten Sie sich beizeiten für das Leben mit einer Problemzonenfrau – oder nehmen Sie vorlieb mit einem jener weiblichen Geschöpfe, die körperliche Mängel noch lange nicht vom Spaß am Sex abhalten!
Teuflisch freilich liegt der Fall dann, wenn Sie es sind, der als Problemzone der Liebsten das Zerebrum ortet ... Aber ist das wirklich ein Problem??

Die Vamps

Auch wenn es einem Mann letztlich an den Kragen gehen kann, darf er doch von großem Glück sprechen, wenn er einmal einem richtigen Vamp in Frauengestalt begegnet ist. Denn echte Vamps sind ebenso selten wie gefährlich. Sie ähneln einem Seeleoparden – nicht nur, weil sie tatsächlich gern ein schnuckeliges Aussehen (Kindchenschema!) mit einem Raubtierfell kombinieren, sondern hauptsächlich, weil ihre Gewandtheit, ihr Jagdstil und ihre Bissigkeit erst dann vom Opfer erkannt werden, wenn es kein Entrinnen mehr gibt. Wie eben jenes Geschöpf genießen sie stundenlange Faulenzzeiten und träumen wahrscheinlich davon, irgendwann nur noch in der Sonne liegen zu können, aber sind sie in ihrem Jagdrevier, wird sie so leicht nichts aufhalten. Vamps trifft man nie im Rudel gleich gesinnt einsamer Verzweiflungsflirter. Sie umgeben sich höchstens mit einem Hofstaat an willfährigen Gespielinnen, die darauf hoffen, dass beim Beutezug ein Scherflein für sie abfällt. Die so genannten Freundinnen der Vamps sind es nämlich, die sich später liebevoll um die Opfer kümmern, die den Weg der gnadenlosen Herzensbrecherinnen säumen.
Echte Vamps, die weiblichen Vampire also, die sich vom Herzblut ihrer Anbeter ernähren, fallen immer auf und sind doch selten unter jenen Frauen anzutreffen, die sich bewusst «verrucht» oder eben «auf Vamp» stylen. Sie stechen Männern deshalb ins Auge, weil sie meist die begehrtesten Sexattribute mit einer fast bösartigen Kälte zur Schau stellen. Alles am Körper eines Vamps sagt: «Nimm mich!», alles in seinem Blick: «Sieh dich vor!» Es ist also nicht ver-

wunderlich, dass diese Frauen größten Wert darauf legen, einem der klassischen Klischees zu entsprechen, und sich eigentlich nie unter den Unscheinbaren, den «Lustig-Bunten», den betont Natürlichen und den um Originalität Bemühten befinden. Echte Vamps erscheinen gern in den Rollen der männlichen Traumprototypen – kühle Blondine, rassige Schwarze, animalische Rote – und tun viel dafür, ein perfektes Image aufzubauen. Vielleicht, weil die alten Tricks immer noch am besten ziehen. Und das Kennzeichen des echten Vamps ist ja die Absicht, zu verführen, um leiden zu lassen. Verführung funktioniert bei Männern eben am leichtesten auf der Basis von – optischen – Klischees. Insofern haben Sie schon gute Chancen, keinem Vamp, sondern bestenfalls einem Vampirchen auf den Leim zu gehen, wenn Sie sich an die Frauen halten, die gar nicht versuchen, klassischen Typen nachzueifern. Umgekehrt müssen Sie nicht vor Ihrer Lieblingsbardame davonlaufen, nur weil sie auf «geile Rote» macht. So einfach ist die Sache mit den Vamps nicht. Früher hieß es bezüglich der Erkennungszeichen, echte Vamps würden eine auffallend dünne Haut haben – mit durchscheinenden Adern – und deshalb so sexy wirken, weil man als Mann die leiseste Erregung unter der zarten Haut spüren könne. Aber das sind wohl Mythen aus der Zeit, als Uropa Gloria Swanson angehimmelt hat. Oder doch nicht?

Irgendetwas scheint dran zu sein an dieser Warnung. Immerhin sieht keine der als «Vamps» verschrienen Filmgöttinnen wie ein Dickhäuter aus.

Leider wissen Sie, wie eingangs erwähnt, erst dann etwas von Ihrem «Glück», wenn Sie heulend am Boden liegen. Wenn Sie weder den plötzlichen Abgang Ihrer Traumfrau noch die Schmach und Schande begreifen, die sie Ihnen bereitet hat, und schon gar nicht den Umstand, dass sie Sie süchtig gemacht hat und nie mehr eine Frau einen solchen Reiz auf Sie ausüben wird. Vamps legen es darauf an, Sie grenzenlos verliebt zu machen, Sie hecheln und Dinge tun zu lassen, die schwer an Ihrer Achtung nagen, um Sie genau in jenem Augenblick abzuservieren, wo Sie sich zum letzten Opfer durchgerungen haben: Heiratsantrag, Babywunsch, Hypothek und Lebensversicherung. Dabei sind die männermordenden Damen keine Heiratsschwindlerinnen und haben es gar nicht so sehr auf Ihr Hab und Gut abgesehen, obwohl sie freilich gern die Nutznießer Ihres Finanzdebakels sind. Das Ziel der echten Vamps ist Ihr Herz:

Sie wollen dort alle anderen Frauen eliminieren (sogar das Andenken an Ihre liebe Mutter), Sie lebenslänglich prägen – und erniedrigen. Ihnen macht es den größten Spaß zu sehen, welche Macht sie über Ihre Gefühle (und den Verstand!) gewinnen können. Mit hoher Wahrscheinlichkeit ziehen diese Frauen Sie von Anfang an in eine üble Dreiecksgeschichte, lassen Sie immer im Ungewissen und verabschieden sich nie aus einer Beziehung, ohne Sie längst betrogen und sich anderweitig abgesichert zu haben. Das Leben eines echten Vamps ist eine Folge von anscheinend immer gleichen Kreisläufen: Hamsterrädchen, in die Männer hineinstolpern, bis sie nach einiger Zeit völlig verdreht herauspurzeln.
Der Augenblick der Erstbegegnung mit einer dieser unheimlichen Frauen sollte Ihnen sofort zu denken geben, denn er schildert gleichzeitig Ihr Ende: Sie lässt Sie in Sekundenschnelle auf Hochtouren laufen, um Ihnen dann den aktuellen Liebhaber vorzustellen, der wimmernd und flehend das Feld räumt, während Sie die Siegerehren auskosten. Aber es werden vielleicht nur ein paar Wochen oder Monate vergehen, ehe Sie derjenige sind, der auf den Knien darum bittet, nicht verlassen zu werden, wenn der Nachfolger schon grinsend in der Tür steht. Ein echter Vamp beherrscht ein Spielchen meisterlich: das Kommen und Gehen, um die Seele auf Trab zu halten. Schluss machen und dann wieder auftauchen, mit leeren Versprechen die Gefühle des Opfers noch einmal richtig anfachen – und dann auf Nimmerwiedersehen verschwinden. Dabei ist das Mienenspiel so glaubwürdig, sind die Tränen so echt, die gemimte Verzweiflung und der Versöhnungssex so überwältigend, dass kaum ein Mann die List durchschaut. Noch dazu, wenn Vamps im Grunde davon überzeugt sind, nur auf der Suche nach dem richtigen Lebenspartner aus zu sein. Sie sehen sich am liebsten als Opfer ihrer Emotionalität, Spontaneität und ihres Aussehens. Dass sie indes großen Spaß an der Sache haben und sich nicht selten öffentlich über die Dummheit ihrer Liebhaber lustig machen, wird kaum eine dieser Damen zugeben. Manchmal werten sie sagenhafte Beleidigungen und Demütigungen als Neckereien und Lausbubenstreiche, selbst wenn Ehescheidungen und Nervenzusammenbrüche des Partners darunter fallen. Und immer ist das Bett der Schauplatz des Seelenmassakers. Echte Vamps erkennen aus der Ferne die heimlichen Leidenschaften ihres Opfers und fangen es damit, ihm erotische Spezialwünsche in wohl dosierter Form zu erfüllen.

Die Hauptwaffe des Vamps bleibt seine Unnahbarkeit und Unberechenbarkeit. Nie findet sich der Mann in der Position des Stärkeren, auch wenn die listigen Frauen alles daransetzen, ihn dies glauben zu lassen. Sie gaukeln ihren Liebhabern eine gefühlsmäßige Abhängigkeit ebenso vor wie ein Versagen des Intellekts. Hilflos stehen sie ihren Emotionen gegenüber, sie, die ihren Körper und alle Regungen bestens im Griff haben. Und der arme Trottel, der so glücklich ist, dass er eine Frau erobert hat, die nach außen eiskalt wirkt, in Wahrheit aber unter einem Übermaß an Sensibilität zu leiden scheint, wird alles tun, seinem Vamp das böse Leben zu erleichtern. Sein Verstand – und auch die engsten Freunde – werden umsonst eine Warnung nach der anderen ausschicken. Der Mann, der einem Vamp in die Fänge geraten ist, wird mit einem schiefen Lächeln feststellen, dass es ihm irgendwann Vergnügen bereitet, offensichtlich zum Narren gehalten zu werden. Und er tröstet sich wahrscheinlich damit, dass unter seinen Vorgängern mindestens ebenso kluge und erfolgreiche Männer waren wie er selbst. Als wäre es eine Auszeichnung, von solchen Frauen gequält zu werden! In den Erzählungen der Opfer über ihr Leben mit einem echten Vamp klingt unter all den tragischen Schilderungen und den anschließenden Verwünschungen immer ein Teil Bewunderung durch. Bewunderung für die Verführungskunst des Vamps, sein unglaubliches Geschick in Lügen und Intrigen und für das eigene Stehvermögen, derartige Erniedrigungen überhaupt auszuhalten – und zu verzeihen. Daneben können andere Frauen nur blass aussehen. Denn schließlich gelingt es nicht jeder Durchschnittsfrau, einen smarten Burschen innerhalb kürzester Zeit zum Fall für die Psychiatrie zu machen. Vamps können das. Sie bringen es locker fertig, ihren Liebhaber aus der eigenen Villa zu vertreiben, um ihm dann anzubieten, den Butler für sie und ihren neuen Galan zu spielen. Sie können nach Jahren auftauchen, schnurstracks an einer neuen Partnerin vorbei ins Schlafzimmer spazieren und so tun, als wäre nichts gewesen, sich immer dann ins Leben eines abgelegten Opfers drängen, wenn es gerade versucht, eine Beziehung zu einer anderen Frau aufzubauen. Aus den Klauen eines Vamps befreit man sich nicht ohne weiteres, oft ist es nur noch das letzte Fünkchen Stolz, das den Schlusspunkt hinter die verhängnisvolle Beziehung setzt. Aber dann bleiben immer noch die Folgen: das Zusammenzucken bei jeder Frau, die auch nur annähernd so aussieht, die kritischen Vergleiche mit der jeweiligen

Partnerin und der fürchterliche Umstand, dass der Vamp sich gern für immer als die Frau im Kopf einnistet, ohne die im Bett mit einer anderen nichts läuft.

Doch meist müssen Sie sich als Opfer gar nicht eigenmächtig vom Vamp befreien. Der bugsiert Sie schon selbst aus der Beziehung. Sie sollten allerdings die Wege verminen, auf denen der Vamp sich immer wieder in Ihr Leben schleichen möchte. Verzichten Sie auf die Einladung zum Kaffee, wo Ihnen höchstwahrscheinlich nicht nur der Vamp, sondern auch dessen neuer Liebhaber gegenübersitzt! Widerstehen Sie den telefonischen Flirtversuchen des Vamps und lassen Sie sich nicht zu Verbalerotik, Sehnsuchts- und Liebesgeständnissen hinreißen, die eindeutig Ihre Schwäche zeigen! Sehen Sie den Vamp einmal so kritisch an, wie Sie Ihre Partnerin betrachten! Im Gegensatz zu seinen Namensvettern aus der Mythologie, aber jenen aus der Zoologie sehr ähnlich, altern Vamps – und sterben. Und mit der äußeren Attraktivität schwindet auch ihre Macht über die Opfer. Das ist freilich ein schwacher Trost, wenn der Vamp, der Ihnen soeben das Herz herausgerissen hat, knapp über zwanzig Lenze zählt und Sie zwanzig Jahre warten müssen, bis eine Wiederbegegnung heilsame Folgen hat. Also hilft nur die Prophylaxe – kaum durchzuhalten, wenn Sie halbwegs ein Mann und neugierig sind – oder die Immunisierung: das Herz abhärten, den Verstand gegen die Attacken auf die Libido stählen! Bei kleinen Vamps anfangen! Die gut verdauen und den Spieß umdrehen! Das müssen zwar all die anderen Frauen büßen, die es ehrlich mit Ihnen meinen, aber im Notfall ist es besser, sich so lange gegen Vamp-Angriffe zu wappnen, bis man feststellt, dass man aus dem Alter heraus ist, wo Barbie die Traumfrau darstellt.

Machen Sie nie den Fehler, sich nach einer miesen Erfahrung mit einem Vamp eine Frau für eine Beziehung zu wählen, die in jeder Hinsicht das Gegenteil eines Vamps verkörpert! Das wird Ihnen schlecht bekommen! Der Verstand mag ja Recht haben, Sie in die Nähe einer Frau zu bringen, von der Sie behaupten können, dass Sie Ihnen nie Schmerz zufügen, Sie nie enttäuschen und nie im Stich lassen wird. Aber achten Sie darauf, wie sehr das nach Selbsthypnose klingt, wenn Sie nicht oft genug betonen können, wie viel besser die Neue zu Ihnen passt, wie viel Gemeinsamkeiten Sie haben, wie glücklich Sie sind und wie blass die Erinnerungen an die andere! Begeben Sie sich nicht krampfhaft auf die Suche nach inneren Werten in einer gerade mal passablen Schale, wenn Ihr Vamp der Inbegriff einer schönen Frau war! Sie werden sehr oft den Verstand brauchen, um die Beziehung fortzusetzen, denn gefühlsmäßig driften Sie weit ab. Manchmal endet das in häufigen Besuchen bei Damen, die Ihnen genauso distanziert und unerreichbar erscheinen wie Ihr Vamp – und sich dafür bezahlen lassen, dass sie ihm ein bisschen ähneln und Sex mit Ihnen haben.

Echte Vamps sind charismatisch und ziehen viele Menschen in ihren Bann. Eine gewisse Intelligenz, die von beeindruckenden analytischen Fähigkeiten bis zur Bauernschläue reichen kann, ist ihnen ebenfalls nicht abzusprechen. Sonst wären sie kaum in der Lage, ihre Strategien der Partnerqual derart konsequent durchzuziehen und sich selbst gegen emotionale Erschütterungen abzusichern. Sie wirken manchmal wie Eumeniden der missbrauchten Weiblichkeit, weil sie alles daran setzen, Männer zu verführen, ohne sich jemals gefühlsmäßig auszuliefern. Sie behalten die Macht und lenken das Spiel. Und oft verteidigen sie damit tatsächlich eine sehr verletzliche oder schon verletzte Psyche. Kein Mann wird ihnen mehr zu nahe kommen. So lautet wenigstens ihre Maxime. Wundern Sie sich folglich nicht, wenn Ihr Vamp Ihnen auch weibliche Mitbewerber ins Bett serviert! Dies freilich keineswegs, um Ihnen einen lang ersehnten Sexwunsch zu erfüllen, sondern um der ohnehin schon umfangreichen Sammlung an Demütigungen eine krönende Variante hinzuzufügen. Vielleicht trösten Sie sich mit dem Gedanken, dass das Vergnügen, das der Vamp mit Ihrer Hilfe empfindet, nur von begrenzter Dauer ist. Denn ein erniedrigter Mann beschert eigentlich nur einer Sadomaso-Expertin einen schönen Anblick (wobei selbst hier die Lust öfter aufseiten des Opfers zu finden wäre). Richtig lustig findet der Vamp sein Treiben wahrscheinlich nur in jenen Momenten, wo er genügend – weibliche – Bewunderer hat, die andächtig den Erzählungen lauschen, oder eben ein neues Opfer, das sich prächtig über die Leiden seines Vorgängers amüsiert.

So muss sich der Vamp gezwungenermaßen von einem Herz zum nächsten durchbeißen, wie es eben dem Schicksal jener Blutsauger entspricht, die andere zum Überleben brauchen. Aber, ganz nebenbei: Wissen Sie nicht, dass die echten Vampire Ochsen bevorzugen und alle anderen ins Reich der Mythologie gehören?

Im Unterschied zu den Vamps wechseln die Tramps ihre Partner nicht aus purer Lust am bösen Spiel, sondern weil sie sich einbilden, um die nächste Ecke oder erst hinter dem Horizont den wahren Mann fürs Leben zu finden.
Ein Tramp schneit Ihnen vielleicht in einer Ballnacht ins Haus, wärmt sich kurz, und just wenn Ihnen ganz warm ums Herz wird, tanzt die Dame schon auf einem anderen Fest. Insofern endet die Begegnung mit einem Tramp ebenfalls schmerzhaft, aber noch lange nicht so vernichtend wie mit einem Vamp. Den Tramps verzeiht man nach einer Weile, wenn man beginnt, ihren Charakter zu begreifen, ihre innere Rastlosigkeit, die sie weitertreibt, obwohl sie vielleicht wissen, dass der augenblickliche Partner der beste wäre. Die Leichtigkeit, mit der Tramps in das Leben anderer Menschen zu schlittern scheinen, ist auch noch beim Abschied spürbar. Diese Frauen gehen eine Beziehung ein, als würden sie ein Zimmer betreten, schauen sich kurz mal um, und verschwinden einfach, ohne viel Aufhebens zu machen oder den Schmerz des Partners einigermaßen zu verstehen. Wer das zweifelhafte Vergnügen hat, sich in eine solche Frau zu verlieben, wird häufig gegen das Gefühl ankämpfen, nur ein Hotel, eine Durchgangsstation zum ersehnten Glück der Dame zu sein. Nicht etwa, dass Tramps keine guten Partnerinnen oder von vornherein berechnend wären, sie sind liebenswerte Weggefährten von begrenzter Dauer. Wenn Sie also eine pessimistische Einstellung allen längeren Beziehungen gegenüber haben und ohnedies nur Lebensabschnittspartner in Ihr Konzept passen, sind Sie mit einem Tramp gar nicht schlecht bedient. Es bleibt nur die Frage, wer von Ihnen den späteren Abschiedstermin in seinem Geheimplan führt. Wahrscheinlich Sie, denn Tramps sind keine Meister der Planung. Sie tun sich schon schwer damit, ein Rendezvous für den nächsten Tag zu vereinbaren und dann auch wirklich zu erscheinen.
Spontaneität ist die große Stärke der Tramps und zugleich jene Schwäche, die das Leben mit ihnen unglaublich anstrengend erscheinen lässt. Sie müssen einfach jeden Tag damit rechnen, dass Sie im Obstkorb oder auf der Spüle einen Zettel mit einem lapidaren Abschiedssatz finden werden, wenn Sie abends heimkommen.

Richtige Tramps zeichnen sich allein dadurch aus, dass sie mit leichtem Gepäck reisen, sprich: Sie ziehen bestenfalls mit einem Seesack und einem Klappsessel als Mobiliar bei Ihnen ein. Wenn Sie den Verdacht haben, Ihre Partnerin könnte dieser Gattung angehören, werfen Sie doch einen kurzen Blick in ihre Handtasche! Sollten Sie dort neben Kreditkarte, Reisepass und einem dicken Adressbuch auch noch eine Zahnbürste und ein frisches Höschen finden, wäre es an der Zeit zu überlegen, ob Sie stark genug sind, einen plötzlichen Abschied zu verkraften, oder lieber vorbeugende Maßnahmen ergreifen und sich nach einer weniger sprunghaften Partnerin umsehen.
Mit Tramps haben Sie zumindest in der Anfangszeit, wo Sie noch nicht daran denken, sich langfristig zu binden, viel Spaß. Sie purzeln zur Tür herein, stellen die Reisetasche ins Vorzimmer (wo sie manchmal auch ein halbes Jahr bleibt) und beschließen von heut auf morgen, mit Ihnen Tisch und Bett zu teilen, d. h. an Ihrem Tisch zu essen und in Ihrem Bett zu schlafen. Ihnen eröffnen sich vermutlich gänzlich neue Perspektiven, wenn Ihnen der Tramp zeigt, wie unwichtig Stundenpläne, Termine und Abrechnungen sind, wie fröhlich es sich in der Sonne vögeln lässt, während andere hart arbeiten. Und was Sie sicher am meisten freut: Lady Tramp stellt keine unangenehmen Fragen, die die Beziehung betreffen. Sie ist fest verwurzelt im Heute, schert sich wenig, was die Zukunft bringt, und schildert ihre Vergangenheit mit einer geradezu erschreckenden Distanziertheit. Da bleibt wenig Platz für Sentimentalität, Hauptsache, die Biographie liest sich später einmal gut. Trotzdem sind Tramps ungemein romantisch und keineswegs mit einem schlechten Gedächtnis ausgestattet. Überraschung! Nichts kennzeichnet sie mehr als dieses Wort. Wer also schlechte Nerven sein Eigen nennt, sollte keine Beziehung mit einem Tramp wagen. Denn Sie dürfen sich auf alle möglichen Überraschungen gefasst machen: eine komplett umgeräumte Wohnung, wenn Sie nur für ein paar Stunden außer Haus sind, einen mittelgroßen Hauselefanten («Das war so eine spontane Idee von mir!») zum Geburtstag, mitternächtliche Kurztrips nach Malaysia oder auch einen Heiratsantrag, den Sie hoffentlich nicht ernst nehmen! Tramps lieben zwar superschnelle Entscheidungen, scheuen aber jede Art von Verträgen. Das ist einerseits sehr löblich, weil sie Sie nicht in Lebensversicherungen etc. hineindrängen, andererseits oft bitter, wenn Sie es nämlich

sind, der auf einem Riesenhaus mit entsprechenden Krediten sitzen bleibt, während Ihre Partnerin die Reisetasche oder den Seesack geschnappt hat und Ihnen freundlich sagt, dass Sie alles behalten dürfen, den Fernseher, den Kanarienvogel – und den Klappsessel. Aus den bunten Erzählungen eines Tramps werden Sie nie richtig schlau werden und Freunde kaum von Bekannten oder Liebhabern unterscheiden können. Finden Sie sich damit ab! Eifersucht ist absolut fehl am Platz, da Tramps von der Idee geleitet werden, die wahre Liebe zu finden (Romantiker!) – und Sie wenigstens für den Augenblick den Fixplatz in ihrem Herzen innehaben. Allerdings verlieren Sie den so schnell, wie Ihr Name (in Bleistift) aus dem Adressbuch radiert und Ihre Nummer auf dem Speicher des Handys gelöscht ist – meist schon am Weg zur nächsten Bushaltestelle, wenn der Tramp beschlossen hat: Zeit zu gehen.

Tramps sind keine Betrügerinnen im eigentlichen Sinne, sondern sie betrügen Sie um die Hoffnungen, die Sie in diese Frauen stecken. Wenn Sie den leisesten Verdacht hegen, einer dieser «Freibeuterinnen» in Liebesdingen verfallen zu sein, sollten Sie sich vor einigen großen Fehlern hüten:

> Vermeiden Sie langfristige private Planungen jeglicher Art! Es ist schon ein Risiko, einen gemeinsamen Urlaub vier Wochen im Voraus zu buchen!
> Machen Sie keine Geschenke, die Sie als Investitionen in die Beziehung sehen und die Sie später zurückfordern würden!
> Zwingen Sie Ihre Partnerin nicht, sich über die Zukunft eines gemeinsamen Lebens zu äußern!
> Kaufen Sie keinen Ring und laden Freunde ein, um Ihrer Partnerin einen überraschenden Heiratsantrag zu machen, schon gar nicht in der Absicht, einen bereits angekündigten Auszug des Tramps aufzuhalten!
> Heiraten Sie keinen Tramp!!!

Da Tramps eine Art Überrumpelungstaktik bevorzugen, wenn sie wieder einmal glauben, den Mann fürs Leben vor sich zu haben, werden Sie vermutlich gar keine Chance haben, sich rechtzeitig dem Charme einer solchen Frau zu entziehen. Besonders, wenn Sie eher zu jenen Menschen gehören, die den Dingen mit Ernst und Sachlichkeit begegnen und über den Leichtsinn eines Tramps entsetzt sind. Sie wird die scheinbare Sorglosigkeit der Dame faszinieren, die einen Lachkrampf bekommt, wenn Sie sich Gedanken über

Ihre Pension machen. Ein dickes Fell brauchen Sie bei den Zukunftsvisionen Ihres Tramps, bei denen Ihnen vielleicht zum ersten Mal klar wird, wen Sie in Ihr Herz gelassen haben. Tramps halten nämlich mit Ihren Absichten und Träumen nicht hinter dem Berg, auf die Gefahr hin, dass sie ihre jeweiligen Partner tief verletzen. «Warum sollte ich nicht einmal einen Sultan heiraten oder den Leuchtturmwärter auf einer kleinen Insel? Das Leben ist so kurz – und spannend», sinnieren Tramps recht gern und laut. Und leider meinen sie, was sie sagen. Daher sollten Sie gut zuhören. Sie vermeiden dadurch den Fehler, Ihrer Liebsten, die irgendeine romantische Idee von einem Buschpiloten hat, ausgerechnet einen solchen als Ihren besten Freund vorzustellen. Seesack rein ins Buschflugzeug – und so weiter. Allerdings können Sie mit kluger Taktik den unvermeidlichen Abschied bestenfalls hinauszögern, Tage, Wochen oder sogar Jahre. Aber irgendwann ist das bittere Ende nah. Manchmal erkennen Sie die Zeichen, wenn Ihr Tramp zum Beispiel immer öfter zum Fenster hinaus starrt, ohne an den Putzarbeiten der Nachbarin, dem Paarungsverhalten der Haustauben oder -meister interessiert zu sein. Freilich können Sie den Versuch wagen, Ihre Liebste mit einem Flugticket aufzuheitern. Doch sollte Ihr Tramp nach mehreren Weltreisen innerhalb weniger Monate immer noch am Fenster hängen und nach Buschflugzeugen, Sultans oder Leuchttürmen Ausschau halten, geben Sie lieber auf und decken Sie sich mit viel Alkohol, wilder Musik und Taschentüchern ein! Es hat keinen Sinn, um einen Tramp zu kämpfen, denn ihn kann kein Liebesschwur, kein tolles Angebot und auch keine Verzweiflungstat zurückbringen. Trotzdem geht solch eine Frau eigentlich nie im Bösen, und Ihnen bleiben hässliche Streitereien und endlose Debatten erspart. Versuchen Sie umgekehrt nicht, einen Tramp in derlei Diskussionen zu verwickeln! Das könnte unerwartet heftige Reaktionen aufseiten des Tramps auslösen, der niemanden duldet, der sich ihm in den Weg zwischen sich und dem – noch zu findenden – Sultan etc. stellt.

Der Abschied von einem Tramp schmerzt nicht nur deswegen sehr, weil ihm eben keine langen Beziehungsreibereien vorangehen und er meist plötzlich erfolgt, sondern auch, weil man merkt, mit welch leichtem Gepäck (auch im übertragenen Sinn!) der ruhelose Partner davonzieht. Das hat freilich einen Vorteil: Ein Tramp kehrt nicht zurück. Von ihm haben Sie kein zermürbendes Komm- und

Gehspiel zu erwarten. Selbst wenn der Leuchtturmwärter nur zwei Tage der vermeintliche Mann fürs Leben war, steht Ihr Tramp nicht reumütig vor der Tür.
Und noch ein schwacher Trost: Sie werden in den Erzählungen des Tramps einen hübschen Platz einnehmen und brauchen nicht mit übler Nachrede zu rechnen. Schließlich wollte der Tramp nur mal kurz vorbeischauen und wissen, wie das Leben so ist – mit Ihnen. Ja, wenn Sie ihn doch noch einmal an Ihrer Seite haben wollen, dann können Sie versuchen herauszufinden, wonach dem Tramp im Augenblick der Sinn steht – und dementsprechend Buschpilot oder Brezelbäcker werden.

Die Würfel

Diese Frauen sind im Wesentlichen das Gegenstück zum Tramp und laufen gern unter der Bezeichnung «Trampel» durchs Leben, wäre «laufen» nicht übertrieben, denn flott sind sie wahrlich nicht unterwegs. Ihnen zu Eigen ist eine besondere Ausprägung der Trägheit – im Körperlichen wie im Geistigen – und das bei einer supersportlichen Eigendefinition.
Sie knallen garantiert nicht mit Überschallgeschwindigkeit in Ihr Leben, überrumpeln Sie sicher nicht mit quirlig-burschikosem Charme, sondern dringen zäh und langsam ein – und halten sich entsprechend. Wenn Sie an einen Würfel geraten, ist es Ihnen oft schleierhaft, wie Sie sich in eine solche Frau verlieben konnten, und noch rätselhafter, wie Sie sie jemals wieder loswerden sollen. Würfel sind oft jahrelang in Ihrer Nähe, ohne dass sie Ihnen aufgefallen wären. Eines Tages gehört eine solche Frau zu Ihnen, weil Ihnen gerade nichts Besseres in den Sinn kommt, und irgendwann fragen Sie sich, warum Sie mit ihr nicht glücklich sind.
Würfel zeichnen sich dadurch aus, dass sie in sich ruhen und folglich zu jenen Frauen gehören, die Männer als wenig anstrengend empfinden («Endlich!», atmen die Leidgeprüften auf). Schon in den ersten Minuten zeigt sich: Würfel trippeln nicht leichtfüßig in eine Beziehung, sondern tun dies schweren Schritts (fast wörtlich!). Sie überlegen sich alles gut und vor allem lange, denn geistige Wendigkeit ist alles andere als ihre Stärke. Das könnten Sie sofort mer-

ken, da die Eloquenz der Würfel sicher keinen Kontrast zur klobigen Erscheinung bildet. Von verblüffender Einfachheit sind ihre Worte, oft noch mit dem Anklang ländlicher Idiome, die einem Mann ans Herz gehen können, weil sie ihn daran erinnern, wie lustig das Leben war, als er noch ungeniert die Reden vom Tisch daheim in den Alltag übernehmen konnte. Vielleicht liegt in der Ungeschliffenheit der Reiz der Würfel, die sogar nach einer akademischen Laufbahn nie verhehlen werden, wie schwer sie sich mit komplexen Denkstrukturen tun. Nur ein Würfel bringt es fertig, geistige Höhenflüge mit einer einzigen Frage (z. B. «Hast du Hunger?») zur Bruchlandung zu zwingen. Aber Männern vermittelt diese Simplizität auch ein Gefühl von Geborgenheit. Würfel laufen so schnell nicht davon. Und dann gibt es noch die Frage der Überlegenheit, die hier besonders ins Gewicht fällt. Für einen Mann bedeutet die Beziehung zu einem Würfel, dass er sich in punkto Intellekt wahrscheinlich überlegen vorkommen darf und trotzdem nicht Gefahr läuft, den Würfel zu vergrämen. Der leidet höchst selten an mangelndem Selbstbewusstsein, speziell auf diesem Gebiet. Andererseits profitieren viele Männer von der praktischen Veranlagung der Würfel. Statt geistiger Höhenflüge gibt es eben Pfannkuchen. Was nicht heißen soll, dass Würfel keinen Bildungshunger hätten. Ganz im Gegenteil. Sie bemühen sich eifrigst, ihr intellektuelles Manko durch Kulturbeflissenheit wettzumachen. Würfel findet man ebenso oft in Konzerten wie bei Ausstellungen oder aber auch als Anhängsel von Künstlern, mit denen sie nicht selten eine Symbiose wagen: intellektueller Anstrich gegen praktische Lebenshilfe. Dort, wo ihnen die eigene Schöpfergabe fehlt, entwickeln sie häufig ein beachtliches kaufmännisches Talent. Das kann sich leider auch als Geschick in Beziehungsfragen zeigen …

Mit einem Würfel müssen Sie zwar selten über Weltanschauungen debattieren, wohl aber übers Haushaltsbudget. Das, was Sie letzten Endes nerven wird, ist aber einzig und allein die Trägheit Ihrer Partnerin, die eben wie ein Würfel liegen bleibt, wenn sie einmal auf eine Seite gefallen ist, und sich nur mühsam bewegen lässt, während für eine Kugel ein leichter Anstoß ausreicht. Im Alltag bedeutet das, dass Sie Ihre Partnerin durchaus für etwas begeistern können, doch dass Sie ohne Ihr Zutun keine wesentlichen Änderungen erwarten dürfen. Dabei nehmen die Würfel allzu gern Ideen ihres Partners auf. Kaum eine andere Frau schmückt sich derart oft mit fremden

Federn, sonnt sich derart eifrig im Licht einer nahe stehenden Person wie ein Würfel. Fehlende Eigeninitiative führt aber nicht nur zur Aufnahme fremder Ideen und der Tendenz, sie als hausgemacht zu verwerten, sondern manchmal zu geradezu grotesken Situationen, wenn nämlich ein Würfel eine andere Frau bis ins Detail zu kopieren beginnt, in der Hoffnung, größeren «Marktwert» zu erreichen. Es wundert nicht, dass Würfel kaum zu den hoch erotischen Frauen gezählt werden. Männern bleibt nämlich auch im Bett die Trägheit nicht verborgen. Würfel wissen, dass sie weder mit Temperament noch mit besonderen körperlichen oder intellektuellen Vorzügen punkten können, geschweige denn mit Ideenreichtum. Sie verlegen sich daher am liebsten auf erotische Varianten der gemütlichen Art, was viele Männer zu schätzen wissen. Bequemer Sex ohne viel Firlefanz und Drumherumgequatsche. Ein bisschen romantisch, wenn 's leicht geht, aber bloß keine übertriebenen Ansprüche! So wie vielleicht ein Bernhardiner die Paarung vollzieht – mit leichten Triefaugen, in denen sich Tränen und Treue spiegeln, zärtlichem Geschlabber und der Aussicht auf ein gutes Essen nach dem Schlaf. Kluge Würfel lässt auch beim Sex ihre praktische Veranlagung und ihr Hang zur Imitation nicht im Stich. Sie suchen sich einfach ein Vorbild und mühen sich in der Kopie, um das zu vermeiden, was bei ihnen sehr schnell droht: die Routine, die Beschränkung auf das Wesentliche, weil eben alles Komplizierte unnötig und bedrohlich zugleich erscheint. Viele Männer sind mit solchen Partnerinnen jedoch durchaus zufrieden, denn ihnen ist ein bequemer Sex, der ihnen bereitwillig gewährt wird, lieber als die vage Aussicht auf erotische Extravaganzen einer schwierigen Frau. Ihre bereits erwähnten Mängel bezüglich verbaler Geschicklichkeit, könnten sich beim Sex als ungeahnter Vorzug erweisen: Sie werden also viel Spaß mit einem Würfel im Bett haben, wenn Sie eine handfeste Sprache bei erotischen Übungen mögen bzw. auf «Dirty Talk» im ruralen Stil stehen. Und Romantiker kommen ebenfalls nicht zu kurz. Für sie muss es geradezu bezaubernd sein, einen Würfel dabei zu beobachten, wie er seinen Gefühlen Ausdruck verleiht …

Würfel sind Weltmeister im Dulden. Nicht zuletzt diese Eigenschaft macht sie zuerst zu äußerst angenehmen, später zu nervtötenden Partnerinnen. Vielleicht mutet man ihnen automatisch mehr zu, weil sie so robust wirken. Unerschütterlich halten sie an Beziehungen fest, wo andere schon längst das Handtuch geworfen hätten.

Kurze, tränenreiche Szenen und halbherzige Drohungen sind schon das Schärfste, was Sie von einem Würfel in Krisenzeiten zu erwarten haben. Ein Würfel ändert eben nicht freiwillig seine Position. Leider hat gerade diese Passivität zu Folge, dass der Partner zu immer drastischeren oder grausameren Methoden greift, um dem Würfel heftigere Reaktionen abzutrotzen oder ihn in letzter Konsequenz zum Ausstieg aus der Beziehung zu überreden. Würfel scheinen mit ihrer Dulderhaltung prädestiniert dafür zu sein, betrogen oder als Gelegenheitsgeliebte missbraucht zu werden. Einem Mann aber, der schon längst genug von der Beziehung hat, es aber nicht fertig bringt, selbst den Schlussstrich zu setzen, kann ein Würfel zur unerträglichen Last werden, da sich dieser niemals freiwillig verabschiedet. Würfel entziehen sich nämlich den heiklen Gesprächen, in denen sie mit sachlichen Argumenten nichts ausrichten können. Manche Männer werden sich also an den Kanten des Würfels und seiner Unbeweglichkeit gewaltig die Köpfe anstoßen. Andererseits darf seine Loyalität nicht unterschätzt werden. Leichtsinnig oder heimlich macht sich kein Würfel auf und davon. Wenn, dann höchstens in schierer Verzweiflung und aus absoluter Überzeugung. Warten Sie also nicht darauf, dass Ihr Würfel das Feld räumt, und fangen Sie nicht an, ihm die Beziehung zu verleiden, um endlich wieder frei zu sein! Einem Würfel müssen Sie die Dinge klipp und klar (in möglichst einfachen Worten) darlegen, wenn Sie genug haben. Ein Würfel benötigt einen kräftigen Schubs, um nicht zu sagen einen Tritt.

Der Mangel an Beweglichkeit äußert sich in vielerlei Hinsicht. Würfel scheinen dies aber nie wahrhaben zu wollen. Weder in Bezug auf intellektuelle Fähigkeiten noch – und schon gar nicht – auf körperliche.

Diese Frauen, die so wenig Athletisches an sich haben, rühmen sich meist einer unglaublichen Neigung zur Fitness, zumindest in längst vergangenen Jahren. Dem skeptisch schmunzelnden Zuhörer werden dann diverse Lieblingssportarten aufgezählt wie Schifahren (ah! Die sanfte Variante mit Einkehrschwung!), Schwimmen (im Schnitt 50 m / Stunde!), Segeln (sehr anstrengend bei Windstärke 2!) oder Reiten (der einzige Kraftakt: aufsitzen). Und während freundliche Männer durchaus willens sind zu glauben, dass sich unter den mehr oder weniger attraktiven Rundungen wahre Prachtmuskeln verbergen, neigen Würfel groteskerweise oft dazu, Ansprüche an zukünftige Partner zu stellen, die andere nicht einmal zu denken wagen, um dann letzten Endes ganz zufrieden mit einem männlichen Würfel zu sein …

Haben Sie sich in eine Frau verliebt, auf die die Beschreibung des Würfels passt, dürfen Sie mit einer langen Partnerschaft ohne große Spektakel und ohne plötzliche Richtungsänderungen rechnen.

Erwarten Sie aber auch keine spektakulären Höhepunkte oder besonderen Herausforderungen. Sie werden immer die treibende Kraft bleiben. Wenn Sie also in einer Beziehung eine ruhige Kugel schieben wollen, haben Sie mit einem Würfel die ideale Partnerin.

«Das können Sie sich bei Frauen sparen»

Lack ab – WARUM EINEM BEI MANCHEN SEXSPIELEN NICHT NUR DER ARM EINSCHLÄFT

In einem bestimmten Kulturkreis wissen die Frauen genau, was es geschlagen hat, wenn der Gatte den Hut aufs Bett legt. Da heißt es dann: Raus aus der Wäsche, rein ins Nachtgewand, Schambereich freilegen und stillhalten! Bei uns ist so etwas nicht mehr möglich, denn welche Männer haben schon Hüte? Die Landwirte? Die Rechtsanwälte? – Tja, und trotzdem scheint dieser seltsame Brauch seine Wiederauferstehung zu feiern. Nicht etwa, dass jetzt die Baseballkappe oder gegebenenfalls das Toupet als Brunftsignal auf der Bettdecke platziert wird. Heutzutage läuten ganz andere Dinge den Balztanz ein: der sanfte Gong der Liebeskugeln zum Beispiel, der Frauen wie Sparbüchsen aussehen lässt: Kugeln hinein, ein bisschen rütteln, und schon klingelt's. Ei, ist das lustig! Viel subtiler hingegen handeln Männer, die langsam die Schranktür im Schlafzimmer öffnen und – begleitet vom obligatorisch stumpfsinnigen Grinsen (ein Erbe aus den Tagen der Menschwerdung!) – einen prall gefüllten Sack zum Vorschein bringen, dessen schwarze Farbe von der klugen Gespielin sofort richtig zugeordnet wird: Aha, nicht die Müllabfuhr, der kleine Sexshop verhüllt den Inhalt so dezent. Und schon packt der frivole Junge seine Schatzkiste aus wie einst das Indianerdorf von Playmobil. Geil, gell?

Handschellen, Fußfesseln, Peitschen und sonstiges Riemenzeug erinnern nicht nur durch ihren Geruch an einen Pferdestall, der Frauen ja reihenweise zu Opfern von Jockeys und debilen Stallknechten machen soll, sondern auch dadurch, dass sie den aktiven Part im Sexspiel vor ein ähnliches Rätsel stellen wie einen Reitanfänger angesichts des Zaumzeugs. Oft weiß man bei einem Pferd schneller, wo vorn und hinten ist ... Kein Wunder also, wenn Männer und Frauen sich nach einem erfahrenen Partner sehnen, denn nichts ist lächerlicher als ein Mensch, der pudelnackt und erwartungsvoll auf dem Bett liegt – vor Eifer schon in Kreuzeshaltung –, während der andere – inzwischen leicht erkältet – den Lack- und Ledersalat entwirrt und verzweifelt Ausschau hält nach möglichen Befestigungsvorrichtungen am allzu schlichten Bettgestell. Wie wünscht man sich das Wissen aus Pfadfindertagen herbei, die Knotenkünste aus diversen Kletter- und Segelkursen, und zum guten Schluss ereilt einen die Erkenntnis, dass Indianerspielen erstens einfacher, zweitens spontaner und drittens spaßiger war! Man konnte es einem wirklichen Feind heimzahlen, wenn man ihn mit Brennnesseln verdrosch oder schwerstens gefesselt nach der Mama rufen ließ. Aber der Herzallerliebsten den Hals abschnüren, nachdem man sich mit viel Mühe in den wenig atmungsaktiven Gummislip gezwängt hat? Und meist entzaubert eine einzige Überlegung jedes noch so schön inszenierte Liebesspiel: Warum soll ich dem Riesenbaby den Hintern versohlen, wenn es dabei an seine Mama denkt, die es – ach, wie schrecklich! – im Vorschulalter geschlagen hat? Bin ich der Psychiater oder der Körpertherapeut? Da klopft man halt so vor sich hin, bis der Arm einschläft, der Partner schweinchenrosa ist und wieder ein Teil der gestörten Vergangenheit bewältigt wurde.

Was hat uns Sigi Freud nur angetan? Jeden ersten Donnerstag im Monat fährt man in den Swingerclub, weil Orgien inzwischen Volkssport sind. Und dort, wo man die Gattin nur am Fußkettchen, am Fußgeruch den Göttergatten erkennen kann, sprießt – abgesehen von den Feigwarzen – die Phantasie. Die hat man bitter nötig, um die nüchternen Betrachtungen, die einem der Teufel einzuflößen scheint, in erotischen Bildern zu ersticken. Folglich herrscht ein seltsames Dilemma: Die Erfahrenen verhalten sich zwar ausgesprochen geschickt und wissen, wo's lang geht, doch büßen sie dafür mit der Kenntnis von Ritualen. Es ist tödlich, wenn man Handgriffe wie ein gut gedrillter Grundwehrdiener beherrscht und noch im Halbdunkel die Versandhausherkunft des Lackoutfits bestimmen kann. Die Unerfahrenen mögen sich zwar ein wenig ungeschickt anstellen, aber man kann ja im Liebesrausch leicht Wachsspritzer im Auge und Notarzteinsätze verzeihen, so peinlich sie im Nachhinein wirken. Und letztlich bewahrheitet sich wieder ein altes Sprichwort, das den geistig Minderbemittelten die höheren sexuellen Genüsse zubilligt – im Geben wie im Nehmen. So können die armen Pädagoginnen nur neidvoll auf ihre weniger gebildeten Schwestern aus dem Dienstleistungsbereich blicken, die noch frisch-fröhlich in die Polyesterdessous schlüpfen, ohne an Analphasen und therapeutische Ansätze zu denken, und die Nieten an den schwarzen Lederhosen noch so bewundern wie einst jene am Old-Shatterhand-Kostüm des Nachbarjungen. Sex lass nach!

Schreib ihr bitte keine Briefe

Es ist ganz selbstverständlich, dass man frisch verliebt dem erfolgreichen Samenerguss einen Erguss der literarischen Art hinterherschicken möchte, besonders wenn das Werbungsritual romantisch-schwierig war. Oje, kann man da nur sagen, packen Sie den Schwanz ein und die Feder erst gar nicht aus! Frauen erwarten zwar ein wunderbares Feedback und Anzeichen ärgster seelischer Verwirrung nach solch einer Liebesnacht, aber mehr als einen durchaus gefühlsbetonten Anruf sollten Sie nicht in Erwägung ziehen. Sie hätten da eher an ein witzig-spritziges Bonmot auf handgeschöpftem Bütten gedacht? Doch reicht a) Ihre geistige Kapazität, b) die Ihrer Geliebten dafür aus, die Qualität a) des Bonmots und b) des Papiers zu erkennen? Oder wollen Sie gar einen richtigen, langen Brief schreiben? Geht's Ihnen noch gut? Erfahrungsgemäß stehen Menge und Dichte (ha, Dichter!) des literarischen Ejakulats in direktem Verhältnis zu dem des biologischen. Lässt eine hohe Quantität nicht auf einen Entzug und große Involviertheit schließen? Sie freilich glauben, dass Sie Ihre Angebetete schwer beeindrucken, wenn Sie mit papierenen Geschenken an sich denken lassen. Mit Hingabe suchen Sie die passende Unterlage für Ihre mühsam ausgedachten Sprüche, die so umwerfend spontan klingen sollen wie ein Witz vom Ghostwriter. Tatsächlich sinniert die Empfängerin solcher Kunstwerke: «Wie lieb! Wie viel Aufwand! Wie originell!» Bei klügeren Exemplaren gesellen sich nüchterne Überlegungen dazu, etwa: «Na bum! Der muss Zeit haben! Und hält wohl viel auf seine lockeren Sprüche und die passende Handschrift ... Macht er das immer so? Will er sich verewigen?» Romantische Naturen stellen sich vor, dass die Briefe auf dem Hintern einer anderen verfasst wurden, sammeln sie, binden blaue Seidenbänder herum, küssen und herzen sie ein paar Mal, lassen sie vergilben und ärgern damit spätere ebenso hoffnungslose Verehrer ...

Briefe sind immer Trophäen, und da Liebende meist kleine Verbrecher sind (irgendjemanden verletzen sie sicher), sollten sie eigentlich Spuren vermeiden. Überhaupt solche, mit denen noch Rechtsanwälte ihre Freude haben könnten. Ist Ihnen noch nicht aufgefallen, wie schnell Frauen bei einer Trennung die einstigen Liebesbriefe mitgehen lassen? Und wie rasch sie auf befristete Zeit verschwinden, wenn ein Neuer im Bett Platz nimmt? Bevor Sie sich also unnötig mit Tinte bekleckern und auch auf andere Weise lächerlich machen, halten Sie sich lieber an folgenden Rat: Schreiben Sie Briefe nur aus Not, aus Zorn oder aus dem Gefängnis. Aus Not, weil auf Ihrer Trauminsel das Handy nicht funktioniert, aus Zorn, weil schriftliche Ohrfeigen nachhaltig wirken (leider auch rückwirkend – Rechtsanwalt!), aus dem Gefängnis, na ja, weil Sie da vermutlich zwangsläufig zum Dichter werden (siehe oben). Briefe weisen einfach auf eine Misere hin. Zumindest darauf, dass Sie im Augenblick nicht direkt neben Ihrer Herzallerliebsten sitzen können. Das ist der springende Punkt: Anwesenheit triumphiert selbst über die herrlichsten Liebesbriefe. Und es gibt wohl nichts Erbärmlicheres als die Briefe, die man einer Entlaufenen hinterhersendet. Mit Liebesschwüren, Heiratsanträgen und Besserungsgelöbnissen holen Sie keine Frau zurück. Die einzigen in dieser Hinsicht Erfolg versprechenden Schriftstücke stammen entweder von einer Bank oder einer Kanzlei. Ansonsten werden die schönen herzverzierten Dokumente kaum gelesen zerstückelt und dem Altpapier zugewiesen. Große Worte kommen meist zu spät …

Deutschland ist, will man jüngsten Studien glauben, noch immer ein Land der Liebesbriefschreiber. Der Schreibdrang befällt nicht nur pubertierende Jugendliche, sondern Teilzeitpoeten jeden Alters und jeder Sozialschicht. Sogar richtige Gedichte werden da fabriziert. Mmh, da geht einem das Herz auf! Das Fatale an solchen Stimmungsprodukten ist, dass man sie nur genießen kann, wenn einem gerade eine ähnliche Überdosis Gefühl aus der Wirklichkeit beutelt. Ein Liebesgedicht, das man nach ein paar Gläsern in boshaft-kindischer Laune in die Hände bekommt, führt höchstwahrscheinlich zu grotesken Heiterkeitsausbrüchen, selbst wenn es unmittelbar vor einem erfolgreichen Suizidversuch entstanden sein mag.

Und doch sind tausend Anrufe nichts gegen eine einzige Zeile auf Papier. Schwarz auf weiß haben Komplimente einfach mehr Gültig-

keit. Die goldene Jugend ist vorbei, sobald statt der lustigen Karten, der smartiesbunten Herzen und der grausam beschnittenen Fotos lediglich noch digitale Liebesbeweise auf einen warten. Die kann man nicht aufheben wie eine Papierserviette mit einer Kritzelei, die noch nach Jahrzehnten von einem Versprechen erzählt, das nur eine Nacht eingehalten wurde ... Die kleinen Liebesnachrichten auf der Kühlschranktür sind die letzten Relikte aus jener glanzvollen Zeit, als man sich den übermächtigen Gefühlen noch völlig hingeben konnte. Werbemenschen wissen, warum sie uns so gern diese Szenen vorführen: Uns plagt eine ungeheure Sehnsucht nach diesen Dingen, die eben mehr Sinne ansprechen als nur das Gehör. Und trotzdem rate ich den schreibwütigen Männern nur dann zu umfangreicheren Werken, wenn sie Grund zur Annahme haben, dass sie demnächst oder zumindest posthum in die Weltliteratur eingehen, die Briefe folglich als Autographen geschätzt werden und sie tatsächlich ein Meister der Handarbeit sind.
Therapeutische Briefe, sofern Sie solche in Ihrem Liebestaumel überhaupt erkennen, schicken Sie am besten nicht ab, es sei denn an sich selbst, wenn Sie schon unbedingt etwas loswerden wollen und hierfür den Postschlitz brauchen. Und vergessen Sie nicht, dass Frauen angeblich die Sprachbegabteren sind!

Was Frauen nicht zu schätzen wissen

Viele Männer, die immer wieder rätseln, was sie bei Frauen wohl falsch machen, sollten sich einmal fragen, welche vermeintlich guten Qualitäten sie allzu sehr in den Vordergrund rücken.
Es ist nämlich keineswegs empfehlenswert, einer Frau über einen längeren Zeitraum eine positive Eigenschaft in konstanter Form zu zeigen, ganz ohne Schwankungen oder Abweichungen. Frauen, die sich einer Sache sicher sein können, fangen seltsamerweise an zu zweifeln oder – weit schlimmer – sie beginnen sich zu langweilen, was schlichtweg den Anfang vom Ende markiert.

Treue

So wünschen sich zwar die meisten Frauen einen Partner, auf den sie sich in punkto Treue absolut verlassen können, doch wehe, wenn dieser Partner tatsächlich aus seiner Treue kein Hehl macht! Welch ein Gräuel, ein Mann, der auf der Straße lieber einem Hund nachblickt als einer fast nackten Schönen, der nie mit seltsam schimmernden Flecken auf seiner Bürohose auftaucht, nie dabei ertappt wird, heimlich E-Mails an eine Unbekannte zu verschicken, nie um einen Herrenabend bettelt und schon gar nicht Kondome im Handschuhfach oder Bleistifthalter versteckt! Eine Frau kann sich schier zu Tode langweilen, wenn sie trotz intensiver Suche nichts Verdächtiges in Schränken, Textilien, Büchern oder Schachteln mit privatem Krimskrams findet. Umgekehrt erfüllt es manche Partnerin mit der herrlichen Mischung aus erhöhtem Adrenalinspiegel, Herzrasen und tiefer Befriedigung, fällt ihr endlich ein Zettel mit einer fremden Frauenschrift in die Hände, kann sie eine Telefonnummer auf einer Zigarettenschachtel keiner bekannten Person zuordnen, duftet der Anzug ihres Liebsten nach einem Parfüm, das sie bestimmt nie tragen würde. Das Phänomen des Lustabfalls nach der Phase des näheren Zusammenrückens ist wahrscheinlich nicht allein mit dem Schwinden bestimmter Hormone zu erklären. Vielleicht spielt auch der Umstand eine Rolle, dass die Partnerin mit der «Hausdurchsuchung» fertig ist und nicht mehr täglich oder wenigstens einmal im Monat von Eifersuchtsschüben gekitzelt wird. Polieren Sie folglich Ihr Image als treuer Partner nicht auf Hochglanz! Sie handeln sich damit nichts Gutes ein. Versuchen Sie lieber, Ihre Partnerin ein wenig wie ein Kind beim Ostereiersuchen zu betrachten, und legen Sie ihr ab und zu ein «Ei», indem Sie eventuell Ihre Sekretärin um einen nächtlichen Anruf bitten, Eiklar auf die Hose pinseln, sich die Lippen färben, den Spiegel küssen und dann die Wange darauf drücken, oder was Ihnen eben sonst noch an Dummheiten einfällt! Das wirksamste Mittel freilich, um das Bild des treuen Trottels zu demontieren, bleibt die Aussage: «Ich habe noch nie eine Partnerin betrogen!» Das glaubt Ihnen nämlich keine Frau.

Haben Sie gewusst, dass es Ihnen das Kreuz brechen kann, eine Frau stets auf Händen zu tragen? Damit ist keine Partnerin im Walkürenformat gemeint, sondern die Tendenz vieler Männer, auf die kleinste Übellaune der Liebsten mit erhöhter Dienstfertigkeit oder Geschenken zu reagieren. Natürlich können die Unmutsäußerungen einer Frau (besonders die nonverbalen!) derart penetrant oder grob ausfallen, dass ein Mann sich gar nicht anders zu helfen weiß, als sich augenblicklich den Wünschen der Partnerin zu fügen, weil er doch eher seine Geldbörse als seinen Verstand opfert (obwohl es letzten Endes auf dasselbe hinausläuft). Aber im Grunde genommen büßt ein Mann höchstens ein Stück seiner Überzeugungskraft ein, wenn er beim ersten Jammerlaut seines Weibchens losspurtet, um wenig später mit zwei kleinen Schachteln anzutanzen. «Aspirin oder Aquamarin?», lautet dann die Frage. Vielleicht fährt den Männern das «Ach!» ihrer Partnerinnen so messerscharf ins Herz wie das «Bäh!» der Säuglinge ihren Müttern. Und wie diese sind sie für Stunden von dem Gedanken besessen, das Leid der Hilflosen zu lindern. Bei vielen Männern löst schon ein gelangweilter Blick aus dem Fenster eine wahre Orgie an Erheiterungsversuchen aus. «Magst du fortgehen, Mausi? Fortfahren? Fortfliegen? Soll ich einen Tisch reservieren? Einen Flug buchen? Einen Callboy bestellen oder den Horizont freisprengen?» Welch erbarmungswürdiges Bild bieten manche Männer beim Sonntagsspaziergang mit ihren weiblichen Familienmitgliedern! Kann es etwas Schlimmeres geben als die misslaunigen Frauen- und Mädchengestalten neben dem armen Tropf, der alles unternimmt, um sie fröhlich zu stimmen, während er selbst zwischen Hass und Verzweiflung schwankt? Dabei steht der Herzenswunsch den Damen ins Gesicht geschrieben: «Verzieh dich – aber lass die Geldtasche da!»

Anwesenheit

Die Anwesenheit eines Mannes führt häufig gar nicht zum erwünschten Kuscheleffekt, sondern eher zum Gegenteil. Viele Frauen, die sich bitter darüber beklagen, dass ihr Partner zu wenig Zeit für sie hätte, haben schließlich gar keine rechte Freude, findet sich der Mann öfter oder gar unerwartet zu Hause ein. Und lauscht man den Frauengesprächen auf Kinderspielplätzen oder im Büro, versuchen sich viele Damen darin zu übertreffen, die Vorteile der Abwesenheit eines Partners darzulegen. Manchmal weiß man gar nicht so recht, ob von einem Mann oder einem Haustier die Rede ist. «Ohne den Fritz herrscht einfach mehr Ruhe im Haus.» Fritz, der Mann, oder Fritz the Cat??

Haben Sie derart viel Respekt oder ein dermaßen schlechtes Gewissen, dass Sie auf jeden Wunsch Ihrer Liebsten in Windeseile eingehen? Weshalb spielen Sie den Psychotherapeuten, Chauffeur und Gepäckträger, wenn Ihre Liebste nicht unter echten Depressionen, sondern echter Langeweile leidet, sehr wohl einen Führerschein, aber keine rechte Lust zum Parkplatz-Suchen hat, und wenn's sein muss, riesige Dattelpalmen durchs Zimmer schleppen kann, weil ihr nach neuer Innendekoration ist? Merken Sie sich, dass alles, was Sie vor der Ehe tun, als Werbungsversuch gewertet wird, nach der Hochzeit aber als Selbstverständlichkeit gilt! Massieren Sie Ihrer Liebsten folglich nur gelegentlich die Füße, sollten Sie keine Ambitionen hegen, in jeder möglichen und unmöglichen Situation eine große Zehe ins Gesicht gesteckt zu bekommen! Was Sie am Anfang der Paarungszeit noch recht aufregend finden, etwa die große Zehe während eines noblen Diners im Gesicht, könnte Ihnen mit abnehmender Begehrlichkeit peinlich werden. Und vielleicht geht es Ihnen bald mächtig auf den Geist, die immer größer werdenden Wülste über die Rippen Ihrer Partnerin zu schieben, nur weil Sie sie einmal als Masseur beeindruckt haben ...

Loyalität

Zu den Dingen, die Frauen ebenfalls nicht genügend schätzen, zählt die Loyalität ihres Partners. Ein Mann, der seine Partnerin bedingungslos verteidigt, steht schneller als Dummkopf (auch in ihren Augen!) da, als er glaubt. Passen Sie gut auf, wenn Sie Ihre Partnerin etwa im Freundeskreis provoziert, um dieses Verhalten zu testen! Ein bisschen Illoyalität schadet in keiner Beziehung! Absolute «Linientreue» ganz bestimmt, denn damit geben Sie die Führungsrolle automatisch ab und verlieren den Respekt, der für eine Partnerschaft unerlässlich ist. Verzichten Sie also ruhig auf die Wasserpfeife mit den Kumpels Ihrer Liebsten, wenn Sie schon mit der Hanfpflanze auf Ihrem Balkon nicht einverstanden sind!

Verzicht auf eigene Urlaubspläne

Aber was fast als unverzeihliche Dummheit gelten muss, ist der Verzicht auf eigene Urlaubspläne zugunsten der Ferienvorstellungen einer Frau. Egal, ob Sie nun Ihr nagelneues Zelt im Wohnzimmer aufstellen und das Überlebensmesser im Kräutergarten ausprobieren, weil Sie keine Gelegenheit haben werden, tatsächlich in die freie Wildnis aufzubrechen. Egal, ob Sie den Club-Urlaub «all inclusive» (Diarrhöe, Affäre mit dem Oberkellner) in einer Baustelle buchen oder die Schwiegermutter in den Strandkorb mitnehmen, Sie werden nur in den seltensten Fällen das Richtige tun. Stattdessen wird man Ihnen noch wochenlang Vorhaltungen machen, dass Sie Ihren Kopf durchgesetzt und dazu noch üble Laune an den Tag gelegt haben, obwohl Sie der Meinung waren, alles im Sinne Ihrer Liebsten organisiert zu haben. Viele Frauen scheinen gerade in Bezug auf die Urlaubsgestaltung, zuweilen auch allein bei der Auswahl eines Restaurants mit der partnerschaftlichen Demokratie überfordert zu sein. Sie wären vielleicht glücklicher, einfach in einen Bus gesteckt und in eine unbekannte Gegend verfrachtet, als wochenlang mit Prospekten überhäuft, zigmal befragt und zu Entscheidungen aufgefordert zu werden. Sie haben also die Wahl, vor dem besten Hotel, in dem Ihre Liebste unbedingt logieren wollte, gedemütigt zu werden, weil die Angaben im Prospekt keineswegs der Wahrheit entsprachen, oder als Held und Retter zu fungieren, wenn Ihrer Partnerin in einer trost- und arztlosen Einöde die ersten wilden Tiere in Form von Kaninchen und Blindschleichen begegnen. Frauen lernen dann endlich Ihren Orientierungssinn schätzen – oder auch nicht …

Gute Absichten im Bett

Viele gute Absichten erweisen sich – wie könnte es anders sein – im Bett als katastrophale Missverständnisse. Da kommen Sie mit großer Sehnsucht heim, vertrösten Ihren knurrenden Magen, umarmen Ihre Partnerin schon so leidenschaftlich, dass sie durch den dicken Mantel Ihre Lust spüren könnte. Sie küssen Sie nach allen Regeln der Kunst, während Sie den Schluckauf zu unterbinden suchen, den Ihnen Ihr rebellischer Magen zur Strafe geschickt hat. Sie lassen sich Zeit, ziehen sich und Ihre Liebste Stück für Stück aus, spielen sehr viel «oben» und ganz wenig «unten», schinden Komplimente, schlecken, lecken, schmecken, dass es eine Freude ist – und landen bei einer gelangweilten Herzensdame auf dem Bauch. Schluss. Sie hat keine Lust. Und Ihre erotische Fingerfertigkeit ist so wenig gefragt wie Schuhplatteln oder Kunstpfeifen. Die meisten Frauen schätzen Ihre zärtlichen Avancen nämlich nur in absoluter Hochstimmung, etwa wenn die Hormone das Sagen haben (Eisprung), die Aussicht auf ein tolles Geschenk besteht, plötzliche Kinderwünsche auf Erfüllung drängen oder ein TV-Doktor soeben auf Nachmittagsvisite war … Nur ganz wenige finden es herrlich, einen Mann zur Seite zu haben, der schnell mit seinen Händen und seinem … einspringt, sobald sich Kopfschmerzen ankündigen, die Füße kalt werden oder keine Schokolade in der Nähe ist. Eigentlich könnten Sie sich das ganze Gefummel und Gesäusel sparen, mit dem Sie Ihre Partnerin zum Sex auffordern und dem Bild des einfühlsamen Mannes entsprechen wollen, denn eine Frau, die wirklich Lust und Spaß an der Sache hat, packt Sie an der Krawatte (oder anderswo), sobald Sie nur zur Tür hereingucken. Was nicht heißen soll, dass Sie auf ein nettes Vorspiel verzichten sollten, aber bemühen Sie sich bitte nicht, Begierde bei einer Partnerin zu wecken, die schon beim Begrüßungskuss ausweicht!

Wenn Sie zu den Eifrigen gehören, die sich verpflichtet fühlen, ihre Liebste mit viel Abwechslung im Bett zu erfreuen, dürfen Sie nicht dem Irrtum anheim fallen, dass diverse Sextechniken, Anleitungen aus Büchern oder Spielzeuge auf Anhieb das Herz Ihrer Partnerin höher schlagen lassen. Schleppen Sie also nicht alle paar Tage einen anderen Dildo, ein neues Massagegel oder ein Sex-Outfit daher, solange Sie nicht sicher sind, ob Ihre Spielgefährtin überhaupt dankbar für derlei Unterhaltung ist! Sie können freilich gern versuchen, Ihre Partnerin im Handstand oral zu befriedigen, oder ihr nackt etwas vortanzen, doch gewöhnlich sind Frauen schon sehr angetan, wenn die Missionarsstellung klappt. Dass Küsse stimulieren und heiß begehrt sind, ist klar, aber akrobatische Zungenübungen lieben nicht einmal jene Frauen, die sich über schlecht küssende Partner beklagen.

Mit Ausdauer im Bett punkten Sie seltsamerweise auch nicht immer. Noble Zurückhaltung und das höfliche Warten auf einen Orgasmus Ihrer Partnerin wird nicht zwangsläufig mit einem dicken Lob oder einer extra Stöhneinlage quittiert. Manche Frauen empfinden dieses Verhalten als Zumutung, als machomäßiges Lauern auf das Zeichen einer erfolgreichen Klitorisstimulation. Nicht einmal bei tantrischen Hobbykünstlerinnen können Sie sicher sein, dass Ihre schon an Priapismus grenzende Ausdauer gewürdigt wird. Bis Sie Ihre Partnerin nach Lehrbuch über die letzte Stufe zum Superorgasmus gebracht haben, wird diese Ihnen wahrscheinlich ein psychisches Leiden und mangelnde Feinfühligkeit unterstellt haben. Viele Frauen fühlen sich durch einen Mann mit vorzüglicher Körperbeherrschung irritiert und unter Druck gesetzt. Sie reagieren mit simulierten Orgasmen, nur um dem bösen Spiel ein Ende zu setzen, und kaufen sich erst recht viel Frust ein. Nehmen Sie also Aufforderungen einer Frau, die «die ganze Nacht» Sex haben will, so ernst wie das «Noch mal! Noch mal!» von einem Teletubby! Vor allem dann, wenn die Dame offensichtlich darum bemüht ist, Ihnen die Sexgöttin weiszumachen, die sie leider nicht ist.

Originalität

Ist Originalität schon beim Sex nicht besonders gefragt, dann erst recht nicht bei Geschenken, Komplimenten oder Heiratsanträgen. Gehen Sie nie danach, wie sich Ihre Partnerin gern öffentlich gibt! Sie kann noch so begeistert im Freundeskreis von ausgefallenen Ideen anderer schwärmen, beim Anblick eines handbemalten Papierfliegers zum Geburtstag verfällt sie wahrscheinlich ebenso wenig in Begeisterung wie in dem Augenblick, in dem Sie sich wie Tarzan vom Zwetschgenbaum ihrer Eltern schwingen und um ihre Hand anhalten. Ihre Liebste wird in den Zeiten ärgster Leidenschaft zwar fleißig mithalten, wenn es um romantisch-verwegene Vorstellungen von Hochzeit und Flitterwochen geht, aber bereits bei der Auswahl der Verlobungsringe dürften Sie feststellen, dass es mit der Originalität nicht weit her ist. Und schwuppdiwupp wird aus dem Traum von einer Trauung nur mit den besten Freunden auf einer Baumhütte in Sumatra eine Trachtenhochzeit mit zweihundert Unbekannten in Schwäbisch Gmünd.

Mit originellen Geschenken kommen Sie selten gut an. Ausgerechnet jene Damen, denen man ja eine Vorliebe für Extravaganzen nachsagt, wie etwa Künstlerinnen, Kunstliebhaberinnen oder Komplizierte, zeigen sich oft gar nicht erfreut beim Anblick mühsam ausgewählter bzw. selbst gebastelter Gaben. Als Mann verlieren Sie mit dem Verlassen des Kindergartens das Privileg, Damenherzen mit plumpen Zeichnungen und gestohlenen Blümchen zu erobern. Traurig, aber wahr: Grüne gestrickte Vögel oder Mitbringsel aus dem letzten Töpferkurs treiben höchstens Ihrer Omi Tränen in die Augen. Vielleicht weil sie Sie von ganzem Herzen liebt ... Aber richtig Eindruck schinden Sie weder mit einem Schrumpfkopf (es sei denn, Ihre Liebste ist Anthropologin oder Satanistin) noch mit Gutscheinen für einen Urlaub in der Antarktis. Und zimmern Sie um Himmels willen kein Vogelhäuschen! Eine originelle Ausdrucksweise erscheint Ihrer Partnerin anfangs ausgesprochen liebenswert und Sie dürfen sie vielleicht auch beim Sex beibehalten, doch greifen Sie bei Komplimenten – und im Beisein von Verwandten – lieber auf gewöhnliche Redensarten zurück!

Bildung entpuppt sich ebenfalls als eine Stärke, mit der Sie manche Frau durchaus begeistern, manch andere vergraulen können. Besonders ein Spezialwissen – etwa auf dem Gebiet der Insektenkunde – nötigt einer Partnerin eher Geduld ab, als dass sie es wirklich zu schätzen wüsste (es sei denn, sie teilt Ihre Liebe zu Krabbeltieren aller Art). Sparen Sie sich auch Vorträge über Informatik oder Wirtschaftsthemen, wenn Ihre Partnerin schon glücklich ist, einen Laptop aufzukriegen oder den Kassenbon eines Supermarkts richtig zu entziffern! Viele Frauen zeichnen sich durch die Fähigkeit aus, einem Partner über Stunden zuhören und echtes Interesse vorgaukeln zu können, indem sie an passender Stelle eine kleine Frage stellen («Und dann?») oder mit dem Kopf nicken. Eine intellektuelle Überforderung mag Ihnen also über geraume Zeit verborgen bleiben. Noch dazu, wenn Partnerinnen, die sich unterlegen fühlen, erst recht mit Eifer und Begeisterung aufwarten, um ja nicht ins Abseits zu geraten. Das führt zum Phänomen der heulenden Taucherinnen, die trotz grässlicher Ängste und keinerlei Fischfanatismus den Liebsten in die Tiefe begleiten, oder der sauer grinsenden weiblichen Bergsteiger, Musicalbesucher und Mitsegler. Beobachten Sie Ihre Partnerin lieber genau, bevor Sie ihr wieder von Dingen vorschwärmen, von denen sie sich nicht wirklich ein Bild machen kann! Gezielte Fragen helfen wenig und werden schnell als Beleidigung aufgefasst, daher sollten Sie einfach lernen, ein Gähnen, einen abwesenden Blick oder unruhige Fußbewegungen richtig zu deuten. So vermeiden Sie, dass Sie Ihrer Liebsten eine grandiose Einführung in die Astronomie geben, während diese bei der Erwähnung von Sternen ans Plätzchenbacken denkt.

Werden Sie alles – nur nicht ihr bester Freund

Vor nicht allzu langer Zeit hat sich eine wunderbar romantische Geschichte zugetragen: Nach elf Jahren erreichte ein Installateur sein Ziel. Elf Jahre, ausgefüllt mit Planen, Vortasten, Abwarten – und nächtelanger Handarbeit. Aber dann: Kein Rohr-, sondern ein Ehebruch (der seines Nebenbuhlers) führte ihn an die Seite seiner

Traumfrau, wo er eigentlich immer schon war, ohne natürlich sein Rohr freizulegen oder nach feuchten Stellen zu suchen. Er diente all die Zeit als Ritter, Retter und Rumpelstilzchen, ganz wie's der zierlichen Blondine genehm war, die währenddessen ein mehr oder minder fröhliches, männerdurchzogenes Leben genoss, bis die Katastrophe eintrat, mit der der Handwerker (wie jeder seines Fachs) gerechnet hatte. Er war da, half und wurde geheiratet. Und wenn er nicht gepfuscht hat, bleibt alles im Lot.

Solche Geschichten bauen auf. Da wird einem ganz warm ums Herz. Gerade deshalb eine Warnung: Verlieren Sie bei aller Sentimentalität nicht Ihren Scharfblick! Vermuten Sie ja nicht hinter jedem Klempner einen heimlichen Verehrer (Ihrer Frau) und in seinen Abrechnungen verschlüsselte Liebeserklärungen! Am ehesten sollten manche Leser aufpassen, die in der Geschichte die Bestätigung finden, dass man eine Frau am Ende doch noch bekommt, wenn man nur lange genug wartet.

Denn glauben Sie wirklich, dass Sie als spätes Traumpaar in die Annalen eines Seniorenheimes eingehen wollen, weil Ihnen die bessere Vakuumpumpe endlich den entscheidenden Vorteil bzw. Freund Alzheimer die Verehrte um den Verstand gebracht hat?

Dass aus Freundschaft Liebe wird und umgekehrt, ist doch nur die landläufige Bezeichnung dafür, dass in eine fade Angelegenheit endlich Sex hineinkommt oder eben aus einer Sexgeschichte eine fade Angelegenheit wird. Als Freundschaft gilt Liebe ohne Sex. Hört beim Sex also die Freundschaft auf? Ist Freundschaft ein unschuldiges Dahindämmern, bis die Lust erwacht, oder das Ende derselben? Eine Frau können Sie nur zum Freund haben, wenn sie absolut nichts mit Ihnen vorhat, weder sexuell noch in irgendeiner anderen Form. Schließlich bietet die Freundschaft einer Frau eine Fülle von Rollen, die Sie unter der Bezeichnung «bester Freund» spielen dürfen: den Lehrer, Schüler, Therapeuten, Handwerker, Chauffeur, Lückenbüßer bei misslungenen Verabredungen, Steigbügelhalter in Karrierefragen und – sehr beliebt – den Joker, der in alle Beziehungen passt, für Intrigen herangezogen wird und dann als Sündenbock fungiert. Wozu sollten Frauen, die einen Mann haben, einen Freund brauchen? Und die keinen haben, schielen etwa nicht nach Sex und Liebe, wenn sie von Freundschaft sprechen?

Natürlich kommt es darauf an, was Sie als «bester Freund» gern tun würden. Wenn es Ihnen darum geht, lediglich den Kontakt zu einer

Frau aufrechtzuerhalten, sollten Ihre Motive klar sein. Ist ihre Küche so warm und schmeckt ihr Kaffee so gut? Halten Sie sich ein Nest warm, falls Sie aus dem eigenen fliegen? Macht es Ihnen Spaß, eventuell der Ex (nunmehr «besten Freundin») die neuesten Weibergeschichten zu erzählen, weil Ihre männlichen Freunde den Quatsch schon nicht mehr hören können? Brauchen Sie die Ratschläge einer Frau (fürs Kuchenbacken, okay, aber sonst?)? Oder wissen Sie schon, wo die gute Dame ihre Sparbücher hat? Nein? Tiefste Zuneigung? Verständnis? Verehrung?

Nachdem die Ritterzeit ein spielerisches Comeback feiert und allerorts größere Buben mit Schwert und Helm ihr Unwesen treiben, liegt die Vermutung nahe, dass die «hohe Minne» wieder angesagt ist. Da kann man sich durchaus vorstellen, dass Männer als «beste Freunde» einer Auserwählten den Hof machen, sprich: die Möbel in die siebte Etage schleppen, die Wohnung renovieren, die Schulden beim Versandhaus begleichen etc. Selbstlos stürzen die neuen Ritter herbei, zu jeder Tages- und Nachtzeit versteht sich, und sehen in einer Einladung zum Tee schon den höchsten Lohn. Wahrer Edelmut stellt sich ein, wenn man das holde Wesen mit einem gar nicht ritterlichen Typ ohne zu murren ins Kino kutschiert. Was denkt sich der Ritter da, nachts auf dem Bärenfell? Juckt's gar kein bisschen? Vielleicht sollte er wissen, dass besonders holde Damen eine ganze Schar von guten Freunden besitzen und dass ihr Talent zum perfekten Time-Management dafür genutzt wird, keinen der vielen merken zu lassen, wer außer ihm noch dienen darf.

Freilich, da gibt es Frauen, deren Gesellschaft ein Mann liebt, weil sie fantastische Gesprächspartner sind, intelligent und witzig den weiblichen Standpunkt vertreten, Dinge anders betrachten als Freunde und Kollegen. Es macht unheimlich Spaß, mit einer Frau zu plaudern, vielleicht hört man sie auch nur gern lachen. Aber warum wollen Sie sie dann nicht ganz? Weil sie schiefe Zähne hat, wahrscheinlich schlecht im Bett ist und auch nicht kochen kann? Oder ist sie im Gegenteil so toll, dass Sie sie sich einfach nicht zutrauen und lieber so lange ihr «bester Freund» bleiben, bis sie endgültig aus Ihrem Leben verschwindet, nachdem ein anderer weniger freundlich, dafür umso entschlossener aufgetreten ist?

Wie immer man es betrachtet, der «beste Freund» ist die denkbar schlechteste Rolle, die ein Mann im Leben einer Frau spielen kann. Dem Missbrauch sind Tür und Tor geöffnet, da viele Frauen nun einmal sehr utilitaristisch veranlagt sind und das Hauptziel all ihres Strebens doch der richtige Mann an ihrer Seite bleibt. Der Rest ihrer Aufmerksamkeit gilt den Statisten. Einem bescheidenen Gemüt mag das genügen. Und erfreuliche Symbiosen zu gegenseitigem Nutzen gibt es immer wieder, zum Beispiel bei der Suche nach einem neuen Partner. Aber richtig lustig ist das nicht. Und sexuell ständig auf Sparflamme zu kochen (obwohl es als «Prickeln» bezeichnet wird), wird irgendwann dazu führen, dass man sich entweder die Finger verbrennt oder den Geschmack verliert.

Wer es darauf anlegt, der «beste Freund» einer Frau zu werden, muss einiges an Kränkungen, Demütigungen und Enttäuschungen hinnehmen können, denn die erste Rolle bleibt einem anderen vorbehalten, ganz egal, ob er vorhanden ist oder nicht.

Fazit: Der «beste Freund» einer Frau sollte ein dickes Fell haben – und einen buschigen Schwanz!

«Diese Männer haben's schwer»

Der Pantoffelheld

Den Pantoffelhelden erkennt man nicht nur an heroisch-ritterlichen Idealen, sondern tatsächlich am legeren Outfit in häuslicher Umgebung. Gerade noch streng gestylter Banker, hängt er im rosa Spielanzug im Sessel – zum Futtern bei Muttern (was auch Partnerin oder Frau bedeuten kann). Aber nackt regiert sich's nun mal schlecht, und wer die richtigen Hosen anbehält, steht besser da. Einen Mann zum Pantoffelhelden werden zu lassen, macht eigentlich keinen rechten Spaß, weil's so einfach ist wie die Dressur eines Pudels. Ja, es ist weit schwieriger, ihn an dieser Entwicklung zu hindern! Eine gewisse erbliche Vorbelastung scheint gegeben, und eine Mutter, die ihrem Herrn Studenten vor lauter Bewunderung immer noch die Shorts bügelt, schafft die beste Basis für den Mann, der einmal einen schlechten Tausch machen wird: nämlich seine Freiheit und Eigenständigkeit aufgibt für frische Wäsche und warme Küche. Die gibt's im Gefängnis übrigens auch ... Oft sind pure Bequemlichkeit und falsche ökonomische Überlegungen die fatalen Schritte zur Selbstverleugnung.

Es ist eben schön, wenn daheim das Essen auf einen wartet und die Kleider, die man in der Wohnung verstreut hat, sich gewaschen und gebügelt im Schrank wieder finden. Der Trieb zur häuslichen Idylle ist bei vielen Männern so stark ausgeprägt, dass sie darüber ihre anderen Wünsche vergessen. Welch ein Glück für all jene Frauen, bei denen Mutter Natur Picasso spielte! Aber Schweinsbratenduft macht sogar eine kurzborstige Schwergewichtlerin ungemein attraktiv, und den fehlenden Busen ersetzen die Knödel. Einem Pantoffelhelden wird nie klar, dass er an dem Tag, an dem seine Partnerin zum ersten Mal Ordnung in seinem Kleiderschrank macht, sein Territorium aufgegeben hat. Von nun an wird kein Schrank, keine Schublade mehr ihm allein gehören. Von der Stunde an, da er ein Hemd anzieht, das sie für ihn ausgesucht hat, wird er sich ihrem Geschmack unterwerfen, und genauso kommt der Tag, an dem er über jeden Zeitungskauf Rechenschaft ablegen muss, weil sie die Haushaltskasse führt. Seine Waffen, mit denen er früher punktete, zum Beispiel seine Unberechenbarkeit, ziehen nicht mehr. Aber es wird noch schlimmer. Liebende Männer haben eine unerschütterlich hohe Meinung von den Frauen und ständig das Bedürfnis, ihnen etwas zu bieten, weil sie schlichtweg davon ausgehen, dass sie für alles auf der Welt bezahlen müssen, insbesondere bei Frauen. Die grässliche Angst, nicht gut genug für das auserkorene weibliche Gegenstück zu sein, plagt sie so lange, bis der faziale Faltenwurf der Gattin mit einem erkalteten Lavastrom wetteifert. Nichts ist leichter, als Männern aus ihren Schuldgefühlen einen Strick zu drehen. Männer bedanken sich sogar allabendlich fürs Essen, während ihnen die Frau sicher nicht allmorgendlich fürs Heranschaffen des Haushaltsgeldes dankt. Eine Frau redet ihrem Mann wieder und wieder ein, dass er einen ungeheuren Glücksgriff mit ihr getan haben muss. Er glaubt's spätestens dann, wenn er merkt, wie abhängig er ist. Kennzeichen dafür ist die männliche Standardfrage: «Schatz, weißt du, wo mein XY ist?»

Die Dressur des Mannes setzt bei seinen Schwachstellen an. Abgesehen von Sex und dem Hang zur Bequemlichkeit sind das: die Neigung zur Hypochondrie und der Wunsch, ein Kind zu bleiben. Beides führt nach der Entwaffnung und Enteignung direkt zur Entmündigung. Wie das geht? Weh Ihnen, wenn Sie gern von Ihrer Partnerin als «mein Kleiner», «Lauser» oder «Bub» bezeichnet werden, sich geschmeichelt fühlen, wenn Sie – noch – spaßeshalber wie ein Fünfjähriger behandelt werden! Und hüten Sie sich beizeiten davor, die Fürsorge Ihrer Partnerin im Krankenbett zu genießen! Mit dem Hinweis, besser über Ihre Gesundheit und Zurechnungsfähigkeit Bescheid zu wissen als Sie selbst, wird später über Sie entschieden – zu «Ihrem Besten» natürlich. Nein, Lachsfischen ist nichts für den armen Kleinen, der sich doch so leicht verkühlt! Und nach ein paar Bierchen auf dem Sofa werden Sie überzeugt sein, dass man nicht alles haben muss und der Strand von Bibione so schön ist wie der der Malediven, und überhaupt spart man sich die Flugangst und die Impfungen ... Irgendwann reden Sie Ihre Partnerin mit «Mama» an, während sie auch in Ihrer Gegenwart über Sie in der dritten Person spricht. Aber bis dahin vergeht viel Zeit, denn Pantoffelhelden merken erst kurz vor dem sechzigsten

Geburtstag, dass sie Pantoffelhelden sind. Dann, wenn sie endlich ein Verhältnis mit der übrig gebliebenen Sekretärin anfangen, der sie in leidenschaftlichen Nächten von ihrer wahren Natur vorschwärmen, den Wildnis- und Abenteuerträumen, den künstlerischen Plänen und all dem, was sie aufgegeben haben. Aber eigentlich sind sie glücklich, denn sie wussten, wofür sie lebten: für ihre Frauen, den Schweinsbraten und die Knödel. Sie rühren nicht nur die Sekretärin zu Tränen, sondern auch die Nachbarin, wenn sie in Abwesenheit der Frau so hilflos sind, dass sie nicht einmal den Geschirrspüler öffnen können. Sie, die wahren Träumer, die spätabends die Treppe zu ihrer geheimen Kommode hinaufsteigen, die nigelnagelneue Survivaljacke und die vielen Messer (original verpackt) herausnehmen, tief durchatmen – ah, der Duft der großen, weiten Welt – und dann eng an die feiste Gattin gedrückt einschlafen, die sie kurz zuvor am liebsten als Elchersatz verwendet hätten! Das Ende der Pantoffelhelden ist nicht der Heldentod, sondern der Herzinfarkt (oje, der Schweinsbraten!). Aber es gibt noch echte Helden. Vor wenigen Jahren hat ein hochbetagter Pensionist seine Frau (tyrannische Nichtschwimmerin) bei einem Spaziergang in den Fluss geschubst. Spät, aber doch.

Der Wappler – DER PROTOTYP EINES VERLIERERS

Beim Ausdruck «Wappler» geht einem Wiener das sprichwörtlich goldene Herz auf, so unnachahmlich schön lässt dieses Wort lautmalerisch einen Menschen entstehen, der sich alles andere als elegant durch den Ballsaal des Lebens bewegt: wie eine Qualle am Strand, ein See-Elefant nach der Paarung.

Keine Bezeichnung ist umfassender und vernichtender als diese poetische Gemeinheit, denn wer einmal damit tituliert wurde, kann sich beim besten Willen nicht mehr rechtfertigen. Ein Wappler lebt für und durch die Überzeugung, alles richtig machen zu wollen. Und scheitert kläglich – lebenslang. Er wird wahrscheinlich mit dieser verhängnisvollen Haltung geboren. Vielleicht quält ihn derart frühzeitig die Sorge, irgendetwas falsch zu machen, dass er durch gezieltes Schließmuskeltraining schon im Kleinkindalter an chronischer Verstopfung leidet, während seine Altersgenossen gerade die herrlichste Analphase durchlaufen. Genuss wird nie sein Motto sein, und vom spielerischen Lustgewinn wird er Lichtjahre entfernt bleiben. Dafür ist er mit einer glänzenden Gabe versehen, die ihn ganz wesentlich von seinem nächsten Verwandten, dem Pantoffelhelden, unterscheidet. Niemand verfügt über eine festere Überzeugung, im Recht zu sein, als er. Er weiß einfach, dass er letztlich richtig liegt und nur die Außenwelt böse ist. Wappler fühlen sich nicht als Verlierer, selbst aus den tiefsten Niederlagen treten sie vor sich selbst als die moralischen Sieger hervor. Das ist das Brett vor dem Kopf, das jeder Witterung standhält und die ideale Basis für die Hörner bietet, die den Wapplern so gerne aufgesetzt werden, sofern sie überhaupt einmal die Gelegenheit haben, eine Frau an ihre Seite zu bekommen.

Frauen haben einen Instinkt für Wappler. Sie wittern den Makel des Verlierers, noch bevor er den Mund aufgemacht hat. Dabei ist ein Wappler keineswegs an ein typisches Erscheinungsbild gebunden. Ein Wappler verbirgt sich nämlich nicht, wie man vom Wortklang vermuten könnte, zwangsläufig hinter einem transpirierenden Fleischberg, sondern kann alle Formen annehmen – vom leptosomen Bartanwärter bis zum Yeti mit partiellem Haarausfall. Da aber Frauen Männern kaum einmal ins Gesicht sehen (erst zur Untermalung hartnäckiger Lügen), finden sie auf Anhieb die einzige Stelle, die den Wappler als solchen verrät: seine Kehrseite. Das Mienenspiel seiner Hose erzählt von seiner Daseinsqual, seinem steten Bemühen nach Anerkennung und seinen Verkehrsproblemen. Denn ein Wappler verhält sich sein ganzes Leben wie ein schlecht gebastelter Papierflieger: Egal wo er landet, er liegt immer daneben. Böse Frauen lieben das Spiel mit diesen menschlichen Papierfliegern und denken sich arge Scherze aus. Sie küren sich zur verständnisvollen Ratgeberin in allen Fragen, unterstützen den armen Wappler in seinen engen Ansichten, loben seinen zielsicheren (Papierflieger!) Geschmack, was den Lebensstil betrifft, und lassen ihn dann bei gesellschaftlichen Anlässen hereinspazieren wie einen ahnungslosen Sklaven ins Kolosseum. Der Spaß ist umso größer, je gebildeter der arme Kerl ist, der aber dank seines wunderbaren Selbstbewusstseins und seiner Sturheit nichts von seiner Schmach erfährt. Man amüsiert sich auf seine Kosten, wenn er im braven Streifenhemd, den ausgesuchten Markenjeans und der hui!, so lustigen Swatch über Reisen und Freunde referiert, während die Bösen stundenlang überlegen, ob seine Shorts den «Pril»-Blumen auf seiner Kühlschranktür entsprechen und ob er seiner Herzdame ein isländisches Musical vorspielt, bevor er ihr sein Schlafzimmer mit Mamas Bettwäsche zeigt.

Ein Wappler liebt Berater, den vom Möbelhaus, der ihn zum witzigen Designersofa für Sitzzwerge überredet, genauso wie den Reiseleiter, der ihn tatsächlich von der Schönheit eines Kamelritts im Grand Canyon überzeugt und noch zu einem fesselfreien Bungee Jump als finalem Highlight verführt. So ist ein Wappler ein Fachmann auf zahlreichen Gebieten und glänzt durch sein Wissen über Testergebnisse auf dem Multimediasektor, kennt sich blendend aus mit Sportgeräten aller Art, besonders mit solchen, auf denen man sich den Wappler einfach nicht vorstellen kann, und besticht durch seinen Kunstverstand, der sich durch exotische Vorlieben bemerkbar macht: Keiner hat eine größere CD-Sammlung von humoristischen Texten in Altpersisch. Und auch auf sexuellem Gebiet darf man über sein Bilderbuchwissen (im wahrsten Sinne des Wortes) staunen, denn seine nonverbalen Äußerungen sind geradezu umwerfend. Die Palette reicht vom süffisanten Brauenhochziehen über diverse Kratz- und Schlucksignale bis zum viel versprechenden, ja triebhaften Augenrollen. Die Auserwählte sollte sich danach auf ein etwa dreistündiges Vorspiel mit technischem Charakter einstellen, sprich: Im Mittelpunkt stehen Stereoanlagen, Videorecorder, wenn nicht sogar ein Fotoapparat mit Stativ (Wappler tarnen sich gern als Fotografen!), eben alles, was den Schwerenöter richtig stimuliert.

Für interessierte Damen: Schenken Sie dem Funkberater Gehör, schließlich stimmt, was er sagt. Aber hüten Sie sich vor falschen Erwartungen, denn Wappler sind niemals großzügig. Menschen, die über die Analphase schlecht hinweggekommen sind, neigen zu Geiz, wie man sagt. Bei Wapplern muss man sich auf einiges gefasst machen, da sie am liebsten originell wären und wirklich viel dafür tun! Geneigte Damen dürfen folglich mit erotischen Pikanterien wie Mixed Pickles rechnen und sich Hochzeitsriten der Mamelucken (echt geil!) erklären lassen ... Und um Himmels willen beweisen Sie Humor, wenn er seinen Kasperl herausholt!

Schenkt man Statistiken Glauben, die eine Beliebtheitsskala der Männer anhand ihrer Berufe darstellen, ergibt sich bei den Künstlern ein seltsames Bild: Während Fotografen und Sänger die höchsten Ränge der Begehrten erreichen, landen Autoren tief unten und Maler gar an letzter Stelle. Aha, denkt sich da so mancher Schlingel, hätte der liebe Leonardo da Vinci mehr Zeit mit der Camera obscura verbracht und weniger versucht, teigige Frauengesichter schön zu pinseln, wäre er wahrscheinlich nie in den schlechten Ruf geraten, der ihm bis heute nachhängt. Sollten Sie nur halb so klug sein wie Leonardo da Vinci, was Ihnen sehr zu wünschen wäre, und weder über den Körper eines Athleten noch über das Antlitz oder Vermögen eines amerikanischen Namensvetters des großen Genies verfügen und folglich den Künstlerstatus wählen, um Frauen zu beeindrucken, wären Sie gut beraten, sich gelegentlich als Fotograf auszugeben, anstatt Ihr trautes Heim mittels Farbpistole und Alkoholrausch in ein Maleratelier zu verwandeln. Maler genießen zwar einen unglaublichen Vorzug, den man als «Weißmantel-Effekt» bezeichnen könnte, aber das ist auch schon alles. Der «Weißmantel-Effekt» beschreibt das Phänomen, dass Frauen sich ohne viel Federlesens vor einem Mann pudelnackt ausziehen und in die unmöglichsten Posen werfen, sobald dieser einen weißen Mantel anhat, ganz gleich, ob er sich nun als Gynäkologe, Maler oder Limnologe ausgibt.

Mag sein, dass Maler früher wahrscheinlich mindestens so begehrt waren wie Fotografen und dass es an den eher mangelhaften Fertigkeiten mancher Maler liegt, wenn Frauen sich lieber den Fotografen zuwenden, denn immerhin sieht eine Frau im «Playboy» ein bisschen hübscher aus als etwa auf einem Porträt von Englands Darling Freud oder einem anderen Schönheitsfeind. Natürlich gleichen auch manche Fotografien in den Auslagen einiger Ateliers Suizidversuchen mittels Kamera, besonders die Serien, die eigentlich dafür gedacht sind, den Partner oder die Familie zu erfreuen. Aber grundsätzlich sind Fotografen sehr begehrenswerte Männer, weil sie einer Frau wenigstens für ein paar Augenblicke suggerieren können, dass sie wirklich schön ist und vor allem: interessant.

Im Unterschied zu den Malern wird den Fotografen kaum einmal

Egomanie unterstellt. Sie dienen den Frauen und ihrer Eitelkeit, lassen sie mondäner und wertvoller erscheinen, machen noch aus einem Mondkalb ein Model. Vor einer Kamera zu posieren ist unheimlich erregend, weil es wie eine hauchfeine Berührung aus der Ferne wirkt, und nach all dem Flirten mit dem technischen Gerät fällt es nicht schwer, auch den Fotografen zum Zug kommen zu lassen ... Bis ein Maler so weit ist, muss er noch einige Hindernisse in Form von Tiegeln und Dosen mit Farben und Terpentin überwinden, und wenn die Gestalt auf der Staffelei drei Augen hat, das Modell aber nicht, verflüchtigt sich die Anfangsbegeisterung für den Künstler sehr rasch. Ein banaler, aber immer noch wirksamer Trick bleibt die Fotografenmasche auf jeden Fall, weil Frauen Fotokünstler gleich in die Nähe der Modeszene setzen und insgeheim damit rechnen, irgendwann auf der Titelseite eines Magazins zu landen. So lassen sich die unterschiedlichsten Mädchen und sogar reifere Damen zur Begutachtung ihres Körpers überreden, selbst wenn sie sich bestenfalls eine Karriere in einem sehr, sehr skurrilen Frauenmagazin ausmalen dürften. Einem Maler gelingt es kaum, das Image des Hungerkünstlers abzustreifen. Und hat er einmal das prächtige Atelier, ist er meist schon zu alt, um das zu verwirklichen, was er mit den Frauen zeitlebens gerne angestellt hätte.

Doch häufig haben Maler eine unnachahmliche rhetorische Begabung, die sogar ihre malerische übertreffen kann, und ein Talent zur Selbstdarstellung, das alle materiellen oder körperlichen Mängel ausgleicht. Ein Mann, der von sich behauptet, er sei Maler, tut dies mit einer solchen Überzeugungskraft, dass Frauen ihm sofort abnehmen, er wäre die oberste Instanz zur Beurteilung von wahrer Schönheit. In diesem Punkt besiegen die Maler die Fotografen. Und weil die meisten Frauen nie so recht wissen, ob sie nun schön oder eigentlich missgestaltet sind, haben Maler leichtes Spiel. Sie brauchen eines ihrer Opfer nur zu beleidigen, und die Dame wird viel dafür tun, den Maler von den Vorzügen ihres Körpers zu überzeugen. Maler zählen zu den Künstlern, die sich in der Gesellschaft am meisten herausnehmen können. Von ihnen wird sogar eine gewisse anarchische Haltung erwartet. Die beeindruckt besonders Frauen, die selbst keinen Mut haben, ein wenig zu rebellieren, oder keine Gabe, die Scharlatanerien der Künstler zu durchschauen. Maler werden dort begehrt, wo Menschen gern einen Zugang zu einer anderen Welt hätten. Manche Frauen glauben tatsächlich, über einen lustig plaudernden Maler tief in das Wesen der Dinge oder eben in die eigene Psyche eindringen zu können, während sich jener nur über die Dummheit und Leichtgläubigkeit seines Gegenübers amüsiert. Denn bei allem Respekt vor dem Können eines Künstlers sollten gerade Frauen nie die vordergründige Absicht eines Malers außer Acht lassen: ein Bild zu verkaufen, und wenn nicht, wenigstens eine Frau ins Bett zu kriegen. Gute Maler bestechen durch ihre heitere Laune, die sie kaum kaschieren können, wenn sie den vergeistigten, eher zu Depressionen neigenden Leidenden mimen müssen, um dem gängigen Image gerecht zu werden. Warum Maler bei den Frauen so schlecht angeschrieben sind, lässt sich vielleicht damit erklären, dass sie meist keine Lust haben, ihre eigene Narrenfreiheit zugunsten einer Familie aufzugeben oder tatsächlich eine Frau als gleichwertigen Partner zu betrachten, wenn für die Maler schon alle anderen Menschen, sprich: die Unkreativen, gewöhnlich sind. Das ergreifende Gefühl, sich mit Pinsel und Farbe eine eigene Welt schaffen zu können, macht es einem Maler schwer, sich mit primitiven Dingen wie Einkaufen oder Putzen auseinander zu setzen. Richtige Maler finden deshalb immer ein paar «Unkreative», die sich für derlei niedere Arbeiten hergeben. Intelligente Frauen wiederum durchschauen schnell das schnöde Spiel, weshalb Maler entweder mit Frauen von nicht allzu rascher Auffassungsgabe oder eben mit der eigenen Konkurrenz vorlieb nehmen müssen.

Aber dieses Los ist wohl noch besser als das der Dichter und Autoren, denen die meisten Frauen keinen Platz unter den begehrenswerten Männern einräumen. Da erfolgreiche Autoren ja ganz passable Objekte der Begierde sein müssten, kann es wohl nur am Aussehen liegen. Macht schreiben hässlich? Und sind die schönen Schreiber Alkoholiker? Oder schreiben die weniger Attraktiven, weil das mit dem Fotografieren und Malen nicht so geklappt hat, die Sängerkarriere ebenfalls auf sich warten ließ und ein Buch den therapeutischen Zweck der Heilung von allen Liebesschmerzen dient? Ei, wie viel lustiger ist da das Malerleben! Schreiben hat etwas schrecklich Resignatives an sich. Alternde Schauspieler schreiben, Hausfrauen gleich nach dem Wechsel greifen zur Feder, Pubertierende, denen der Kummer Pickel ins Gesicht treibt, verfassen Gedichte. Soll da eine sexy Stimmung aufkommen?

Bevor Sie es also als unumgänglich erachten, sich als Poet die Reste an Frauengunst zu schnappen, sollten Sie doch lieber fröhlichere

Varianten in Betracht ziehen. Stehen die Chancen wirklich so schlecht, dass Sie auf anderem Weg Liebe und Zuneigung finden? Muss es Mitleid sein? Wenn nicht, dann werden Sie bitte so erfolgreich, dass es Ihrer Partnerin völlig egal ist, was Sie sich zusammenreimen! Denn nichts stört Frauen an Schriftstellern mehr als die fürchterliche Aufgabe, etwas lesen zu müssen, das keine netten Bilder oder Fotos enthält, womit wieder der Rang der Maler und Fotografen erklärt wäre …

Der Märchenprinz

Märchenbücher richten wirklich großen Schaden an. Sie prägen das spätere Rollenverhalten mancher Menschen so entscheidend, dass sie sich erst in psychotherapeutische Behandlung begeben müssen, um endlich nicht mehr im Uhrkasten zu nächtigen oder kreischend ums Lagerfeuer zu springen. Was bei Mädchen noch halbwegs glimpflich abläuft, etwa die Identifikation mit einer Prinzessin, die sogar ein Leben als Polizistentochter übersteht, führt bei vielen Männern zu einer regelrechten Fehlsteuerung: Während sich einige Männer lebenslang wie der siebte Zwerg benehmen (von früh bis spät rackern, um eine dahergelaufene Dame durchzufüttern, die man mit anderen WG-Bewohnern teilen muss), träumen viele nicht nur von der Prinzenrolle, sie wollen sie um jeden Preis verwirklichen, mit dem einzigen Ziel, eine Prinzessin zu ergattern. Dass das dann eine Polizisten- oder Hausmeistertochter sein könnte, hält die wenigsten von ihren ehrgeizigen Plänen ab.

Vermeintliche Märchenprinzen haben nur eines im Sinn: Wie verdiene ich genug, um einer zukünftigen Prinzessin jeglichen Komfort zu bieten? Schon im zarten Kindergartenalter beginnen sie, die Konkurrenz auszustechen, indem sie die Prinzessin (noch im Larvenstadium) mit Haselnussschnitten oder allerlei Dienstfertigkeiten zu umgarnen suchen. Solche Methoden erweisen sich als wirksam und werden Jahr für Jahr verfeinert. Genaue Studien des weiblichen Verhaltens lassen den Märchenprinzen immer kühner werden. Ihm ist schnell klar geworden, dass alles stimmen muss: die Optik, die Rhetorik, die Serviceleistungen und die Geschenke.

Wie die Prinzessin ihre Gespielinnen, will auch der Märchenprinz seine Höflinge haben. Die bekommt er schon in jungen Jahren durch Bestechung oder ruchlosen Terror. Hinter dem Dauer-Smile des Siegers lauert das Hirn eines perfekten Strategen, der nicht davor zurückschreckt, seine Nebenbuhler und Bewunderer mit Intrigen, Fehlinformationen und Scheingaben in ungefährlicher Distanz zu halten. Später dürfen treue Gefolgsleute damit rechnen, die abgelegten Prinzessinnen, die dann leider doch nur verkleidete Kammerdienerinnen waren, als netten Bonus zu empfangen. Da ein Märchenprinz einen entsprechenden Stammbaum aufweisen muss, wird im Zweifelsfall die Familie umgestylt oder eben verleugnet und durch eine märchenhafte, unsichtbare Verwandtschaft hinter den sieben Bergen ersetzt. Fügt sich die Familie den Ansprüchen des Prinzen, dann muss oft jedes Wochenende der Befehl «Alles bereit für den Aufritt einer eventuellen Prinzessin» ausgeführt werden. Das bedeutet, dass die Mama für vortreffliche Mahlzeiten sorgen soll, der Vater nicht in Freizeitkleidung erscheinen darf und die Geschwister zu strengster Schweigepflicht über familieninterne Gewohnheiten verurteilt werden. Der Märchenprinz beginnt sein Samstagszeremoniell mit einer Führung durch die Gemächer und den Garten (so vorhanden, sonst Balkon oder Garage), verweist auf zukünftige Investitionen und Umbauarbeiten, absolviert nach den Mahlzeiten im Kreise der Familie ein paar beliebige Freizeitaktivitäten (Segeln, Golfen oder eben die günstigeren Varianten Tretbootfahren und Minigolf), um ein wenig später den Erbsentest zu machen (für all jene, denen Märchen fremd sind: die Matratzentauglichkeitsprüfung). Je nachdem, wie erfolgreich die Prinzessin bei dieser Übung war, darf sie sich der weiteren Untersuchung des Prinzen erfreuen.

Die meisten Prinzessinnen scheitern nicht an ihrem Verhalten, denn es dürfte nicht allzu schwer sein, teure Wünsche zu äußern, schlechte Laune an den Tag zu legen und mit Sex zu geizen, bis die richtigen Geschenke eintreffen. Die Prinzen, programmiert auf Großzügigkeit, sehen auch über gewisse Mängel in Sprache und Benehmen hinweg, sodass dem Prinzesschen Entgleisungen in proletarische Wendungen gern verziehen werden. Die weiblichen Kurzzeit-Hoheiten scheitern oftmals an der Familie, die der Prinz mit Argusaugen inspiziert. Seiner noblen Verwandtschaft hinter den sieben Bergen kann er doch keinen Prinzessinnenpapa bieten, der mit der Bierflasche vor dem Fernseher sitzt oder sich sowieso aus der Familie geschlichen hat. Ein letzter Kuss – und flugs ist die Märchenprinzessin wieder Polizistentochter ...

Für Märchenprinzen geben geleaste Limousinen, Urlaube auf Kredit oder Firmenkosten und der geeignete Freundeskreis die nötige Staffage ab. Doch Möchtegern-Prinzessinnen haben nicht so gute Karten, wenn es um die Imageaufbesserung geht. Sie müssen sich häufig damit begnügen, ihre Garderobe geschickt abzuwandeln und mit teuren Accessoires das wettzumachen, was ihnen an Glamour abgeht. Und Märchenprinzen wittern leider schnell, woher das Parfüm weht, das den Büro- oder Ladenmief nicht übertünchen kann.

Der Märchenprinz gerät zeitlebens aus zwei Gründen in die Bredouille: Erstens, weil er unter einem riesigen Haufen von Prinzessin-Anwärterinnen die Richtige herausfinden möchte und sich die Kandidatinnen oftmals nicht nur die Zehen und Fersen abschneiden würden, um in den Genuss seiner Großzügigkeit zu geraten. Zweitens, weil das ganze Prinzenspiel einen immensen Berg an Kosten und Energie verschlingt. Der Märchenprinz hat gegen vermeintliche Schwiegermütter zu kämpfen, die ihm die Töchter aufdrängen, die nichts gelernt haben außer Prinzessin sein. Er muss all die Frauen abwehren, die ihm mit dem «Rette mich!»-Blick den Weg versperren und an seine schöne Seele appellieren. Immer wieder stößt er auf das Dilemma: Liebt sie mich, weil ich der Märchenprinz bin, oder würde sie mich auch als gewöhnlicher Mensch lieben? Ganz gewiefte (oder verzweifelte?) Märchenprinzen verkleiden sich dann und schlüpfen in die Rolle von Staplerfahrern oder Cowboys, um die Redlichkeit der Damen zu überprüfen, und versagen meist schon beim Umgang mit dem Hotelpersonal und der Höhe des Trinkgeldes. Hin- und hergerissen zwischen Mitleid und Ehrgeiz, weiß der Märchenprinz kaum einmal, ob er sich für eine Frau entscheiden kann, die zwar äußerlich allen Anforderungen einer Prinzessin entspricht und sich auch ganz passabel benimmt (Launenhaftigkeit, Kaufrausch), aber ihm doch so sehr auf der Tasche liegt, dass er sie nicht immer mitschleppen will.

Mitte zwanzig ist die Reihe von überprüften Kandidatinnen bereits unübersehbar geworden, und nur Anekdoten aus dem Kreis seiner Vasallen oder der Familie helfen ihm die Erinnerung an die eine oder andere Doch-nicht-Prinzessin aufrechterhalten. Manchmal kehrt er zu einer zurück, um sie im letzten Vergleichstest gegen eine neue antreten zu lassen. Aber im Grunde ist er schon so gelangweilt von der

Fülle an Frauen aller Alters- und Gesellschaftsgruppen, aller Haar- und Schamlippenfarben, dass er froh wäre, endlich den Hermelinmantel gegen einen Hasenpelz tauschen zu können. Doch dafür ist es dann fast schon zu spät. Eine Umgewöhnung wäre, wenn überhaupt, fatal: Wie soll der Märchenprinz lernen, nicht im supernoblen Anzug mit Schuhen, die ohnehin schon alles verraten, dort aufzukreuzen, wo die vielen Aschenputtel und ihre Stiefschwestern warten? Wie soll er lernen, nicht sofort seine edle Visitkarte zu zücken und sein Prunkgefährt nicht in Sichtweite zu parken? Wie soll er sich abgewöhnen, für jede Tätigkeit einen Dienstboten zu rufen, sich von tüchtigen Verkäufern nur das Teuerste aufschwatzen zu lassen und lächerliche Billigutensilien als scherzhaften Kontrast zum Edellook zu tragen? Ist es überhaupt möglich, den übertrainierten Gaumen auf Normalkost hinzubiegen, ohne die überfeinerten Geruchsnerven zu zerstören?

Ein Märchenprinz in der Umbruchphase ist ein komischer Anblick. Er mimt den Genießer des Einfachen, gibt sich hocherfreut beim Zusammentreffen mit Leuten aus dem «Volk», verschlingt mit wahrer Gier deftige Speisen von hässlichen Tellern und kleidet sich betont so geschmacklos, dass keiner weiß, wen er damit imitieren will. Richtig herzig wirkt er beim Versuch, seine Wohnungseinrichtung auf das Niveau der normalen Menschen «herunterzufahren». Kindliches Entzücken beim ersten Erwerb einer Papierleuchte und eines «BILLY»-Regals, verklärte Äuglein beim Verlassen eines Heimwerkermarkts, Jauchzer bei der etwas schief geratenen Montage der Möbel und Lichtobjekte! Zuweilen versteigen sich Märchenprinzen sogar dazu, sich an den Blockhausbau in Kanadas Wildnis zu wagen oder eine Weltumsegelung zu starten. Na ja, und weil das eben nicht so leicht ist nach all den Prinzenjahren, liegen dann schwer verwundete Menschen mit Motorsägen im Wald herum, ausgezehrte Fischer ohne Lachs und hilflose Hobby-Phäaken hantieren wie die Irren mit dem GPS.

Der Ausstieg aus dem Prinzendasein gestaltet sich offenbar sehr schwierig. Noble Herkunft lässt sich besonders dann kaum verbergen, wenn sie über Jahre hindurch mit allen Raffinessen konstruiert wurde. Und die letzte Hürde, die Absage an das Lebensziel, eine Prinzessin zu erobern, raubt dem Märchenprinzen fast den Verstand. Wenn er ein Riesenglück hat, schippert neben seiner Aussteigerjacht die mit einer Prinzessin an Bord, die ebenfalls dem schicken Leben Adieu sagen will, oder er trifft sie in der kanadischen Wildnis und muss nur noch schnell die aktuelle Begleitung loswerden (das hat er – gottlob – oft genug geübt). Dann gibt es eine Märchenhochzeit und einen Umtrunk in der neuen Architektenholzhütte.

Doch hat der Märchenprinz einmal echtes Pech, dann läuft ihm just dann die rechte Braut aus noblem Haus über den Weg, wenn er gerade die Familie auf «normal» umgeschult hat und selbst im Gruselstrampler die Zeitung holt ... Schluckedigu!

Die sieben Schlüssel zum Herzen einer Frau

Bösen Geistern würden auf Anhieb die Schlüssel zur französischen Villa, zum Ferrari, zur Yacht, zum Reitstall, zum Safe, zur Schmuckschatulle und freilich zum Kosmetikkoffer einfallen. Doch Frauenherzen sind nur dann mit genau diesen Schlüsseln zu knacken, wenn sie dem wenig wünschenswerten Typus der weiblichen Spezies angehören. Die Frauen hingegen, die nicht nach einem Liebhaber Ausschau halten müssen, der die Kinokarten zum Lebenstraum finanzieren könnte, dürfen sich auf der Suche nach dem Mann für die nächsten Mondzyklen ganz an den inneren Werten orientieren. Luxus pur für die Frau, die alles hat. Die sieben Schlüssel zum Herzen einer Frau beantworten eine Kernfrage, an der viele Männer scheitern, weil sie nur mit harten Fakten wie Kontostand und Penislänge operieren, und zwar: Was hat sie nur an dem gefunden?
Die sieben Schlüssel werden Ihnen erklären, was der Fliesenleger hat, mit dem die Frau Bankdirektor nach elf Ehejahren durchgebrannt ist, und gleichzeitig sieben Wege zeigen, die Ihnen zum Herzen Ihrer Traumfrau offen stehen, wenn Sie nicht mit den üblichen Dingen wie Reichtum, Macht und Sex-Appeal punkten können. Traurig ist der Umstand, dass die sieben Schlüssel erst dann zum Einsatz kommen, wenn die goldenen Hauptschlüssel versagen, meist, weil sie nicht gebraucht, selten, weil sie aus intellektuellen Gründen verschmäht werden. Traurig, denn gerade hier fängt die Romantik an, Liebe, die sich auf Ideale berufen kann. Mmh, eine Frau, die einen Mann wegen seiner Zärtlichkeit liebt! Lebenskünstler, Bettelstudenten, Pygmäenapolle und anderweitig zu kurz Geratene: Hier sind die Waffen für den Guerillakrieg um die begehrten Frauen!

Ehrlichkeit

Dieser Schlüssel bedarf einer ganz besonderen Handhabung, denn so rasch er Sie ans Ziel führen kann, so schnell trägt er zu Ihrer Vernichtung bei, wenn Sie ihn zur falschen Zeit, im falschen Bereich benutzen. Ehrlichkeit ist angesagt, wenn es um Ihre finanziellen Verhältnisse geht. Im Negativen versteht sich, weil verborgene Reichtümer zu Ihren Gunsten lieber verborgen bleiben sollten und bei Entdeckung wohl kaum Frustrationen auslösen. Aber nichts hassen Frauen so wie Fehlinformationen über das tatsächlich nicht vorhandene Barvermögen. Schöner Schein ist Frauensache. Passen Sie auf und lassen Sie rechtzeitig die Samthosen herunter, wenn Sie nicht der Märchenprinz sind, vielleicht rettet Sie noch das, was Sie zwischen den Froschschenkeln zu bieten haben! Umgekehrt ersparen Sie sich den Stress eines Hochstaplers. Ehrlichkeit gepaart mit Charme kann unwiderstehlich wirken. Dazu muss man wissen, dass viele Frauen Männer gern als leicht minderbemittelte Primaten betrachten, die sich oft recht ungeschickt bewegen. Das Herz mancher Frauen schmilzt nur so dahin, wenn Sie ein wenig diesem Bild entsprechen. Zum Beispiel offen Ihre Wissenslücken darlegen. Ist er nicht herzig, dass er Rucola nicht kennt?! Bussi. Aber ein Zivilisationsmanko muss eben durch Tarzanqualitäten ausgeglichen werden.

Ehrlichkeit bewährt sich selten in Geschmacksfragen. Hüten Sie Ihre Zunge, sobald Ihre Vorlieben bezüglich Frauen getestet werden! Lassen Sie sich nie und nimmer auf geheuchelt solidarische Fangfragen ein wie zum Beispiel: «Wenn ich ein Mann wäre, würde mir eine Exotin schon besser gefallen, oder?» Absolute Tabuzone für ehrliche Antworten ist der Bereich der Intimsphäre und der Komplimente. Hier gibt's nur eines: Loben und Lügen. Stimmen Sie nicht einmal unter Lebensgefahr zu, wenn eine Frau ihren eigenen Körper oder das Produkt ihrer Kochkunst tadelt! Selbst eine Konkavbusige lächelt bei Komplimenten, die sie in Körbchen C und D katapultieren, während Ihnen eine ehrliche Aussage, die anklingen lässt, dass Ihnen eine Hand voll eigentlich genügt, nur Hass beschert. Ja, ja, und dass Sie nicht nur beim einsamen Vergnügen, sondern auch beim Sex zu zweit an die beiden Hochglanzlesben denken, sollten Sie in alle Ewigkeit für sich behalten. Außertourliche Bettgeschichten sowieso. Denn selbst wenn Ihnen aufgrund der oben erwähnten Minderbemitteltheit vorübergehend verziehen wird, laufen im Untergrund die langfristigen Rachepläne und Schlussrechnungen. Und die gehen nie gut aus. Ihre ganze Vergangenheit müssen Sie so zurechtbiegen, dass die Antworten, die

Sie auf diesbezügliche Fragen geben, ungemein ehrlich klingen, aber der unstillbaren weiblichen Sucht nach Rangordnung und Einmaligkeit keine Nahrung schenken. Das heißt: Wenn es in Ihrem Vorleben eine große Liebe gegeben hat, muss die entweder tot oder ein Pferd sein, Huren sind Ihnen höchstens ins Auge gefallen, und kein weibliches Wesen wurde je mit anderem Namen als dem Familiennamen bedacht. Ehrliche Gefühlsäußerungen werden zwar permanent von Ihnen gefordert, aber hüten Sie sich davor, Ihren Tränen freien Lauf zu lassen.

Geduld

Wer einmal versucht hat, die verschlungenen Pfade weiblichen Denkens zu beschreiten, hat nur zwei Möglichkeiten: Flucht oder Geduld. Folglich wird Geduld belohnt. Frauen schätzen geduldige Zuhörer, die Blasenproblemen mit demselben Ernst begegnen wie Katastrophenmeldungen, geduldige Verehrer, die einstündige Verspätungen einfach übergehen, geduldige Verkäufer, die die Meinungsumschwünge mitmachen wie einen Slalomparcours, geduldige Trainer, die auch im zehnten Anlauf den kleinsten Fortschritt loben, und vor allem geduldige Partner, die Verständnis dafür haben, dass die Zehennägel zuerst trocknen müssen, bevor man sich die Bergschuhe anzieht. Engelsgeduld wird mit Engelslächeln belohnt, Eselsgeduld dementsprechend. Meist steht die Attraktivität einer Frau in direktem Verhältnis zu der Geduld, die sie fordert. Sie weiß, dass sie spielen darf, und tut das am liebsten mit Ihren Nerven. Halten Sie durch, denn Geduld wird mit Großzügigkeit gleichgesetzt! Und knauserige Männer mag man nicht. Steigen Sie auf die Launen einer schönen und klugen Frau so lange ein, solange sie als Kapricen zu erkennen sind, weil Sie damit getestet werden! Doch wehren Sie sich sofort, wenn die Launen Dummheit und Faulheit als Urheber haben! Ein nerviges Rennpferd schätzt die Geduld des Reiters, ein launischer Esel hält ihn für seinesgleichen. Fazit: Geduld ist bei jenen Frauen angesagt, die man wegen ihrer herrlich komplizierten Psyche liebt, doch nie bei jenen, die glauben, durch Launen über ihr ödes Innenleben hinwegtäuschen zu können.

Verwöhnen

Erwischt! Sie haben an eine Massage und einen saftigen Cunnilingus gedacht. Überlassen Sie Ersteres einem Profi und Letzteres einer

Spezialistin. Ich weiß, dass Sie von Ihren Qualitäten überzeugt sind und als Beweis gern die Szene vorlegen würden, wo Ihr Haarschopf unter wildem Stöhnen und heftigen Beckenbewegungen zerwühlt wurde. Ach ja, und Ihre Zunge reicht tatsächlich weit hinters Schambein (Sie kleiner Ameisenbär!), und der Lohn Ihrer Kunstfertigkeit war wie aus einem «Guss»? Das mag schon sein, aber beim oralen Verwöhnen sollten Ihnen andere Leckereien einfallen: Basler Leckerli oder Bienenstich oder arme Ritter. Frauen werden so gerne bekocht! Sie heiraten sogar Männer, die sie durch Koch- und Haushaltskünste beeindruckt haben. Bügeln statt Vögeln! Aber bevor Sie jetzt diverse Bücher studieren und Kurse belegen, sollten Sie bedenken, dass Hausmänner nur bedingt geschätzt werden, und wenn Sie nicht wirklich vorhaben, ihre Position vor dem Fernseher zugunsten des Stehplatzes in der Küche aufzugeben, müssen Sie die Einmaligkeit dieses Szenenwechsels bewahren. Möchten Sie Ihre Lieblingsfrau nicht nur ins Bett kriegen? Dann lassen Sie sie einmal darin liegen, während Sie sich um alles kümmern, die Schuhe, die Strümpfe, die Strapse – und das Frühstück. Zum Heiratskandidaten werden Sie nach diversen Extranummern, zum Beispiel: BH-Spitzen flicken, Brot backen oder Hemdchen falten. Manche Frauen sind zu Tränen gerührt, wenn sie sich vorstellen, wie ihr nächtlicher Bezwinger morgens heimlich das Satinhöschen zusammengelegt und den Tisch gedeckt hat – mit seinen linken Händen! Einfach lieb! Aber gewöhnen Sie sich das ja nicht an! Leckerbissen müssen rar bleiben, sonst verlieren sie an Wert. Und ein kleines Sexgeheimnis als Entschädigung für das Miesmachen des Oralverkehrs: Für Frauen, besonders solche, die eine prächtige lange Mähne ihr Eigen nennen, gibt es kaum etwas Schöneres, als hingebungsvoll frisiert zu werden. Erotik in spezifisch weiblicher Form. Kein Wunder, dass die Friseure so unverschämt grinsen …

Humor

Wer sich mit Frauen einlässt, dem darf es an Humor nicht fehlen, denn ernst nehmen sollte man sie nur dann, wenn sie einem den Krieg erklärt haben. Frauen allerdings lassen sich mit wohldosiertem Humor von der leichten Art so gern ködern wie Kinder mit einem Plüschtier, denn beider Grundbedürfnis ist die Unterhaltung. Raten Sie einmal, womit die Vorstadtcasanovas in Wien, Paris und Rom operieren? Lediglich mit einem mörderisch guten «Schmäh».

Ihr Humor verpackt Komplimente und Beleidigungen in einer lockeren Mischung, die nur haarscharf oberhalb der Gürtellinie bleibt. Schon ein bisschen frivol und doch noch nicht derb, das mögen die meisten Frauen. Und Einfälle! Raus aus dem Büro und rein ins Kasperlkostüm! Humor und Fröhlichkeit vermitteln ein Gefühl von Sicherheit, Reminiszenzen an die Kindheit, wenn Papa Grimassen geschnitten hat.

So ausführlich und leidenschaftlich Frauen über ihre Probleme referieren können, so wenig wollen sie mit Problemen anderer Leute belastet werden. Denken kostet Energie und Nerven, und die brauchen sie für den täglichen Kampf gegen die Konkurrenz am Heiratsmarkt. Also haben alle Männer gute Chancen, von Frauen geliebt zu werden, wenn sie durch Späße, Scherze und kleine Vergnügungen von Problemen wie abgerissenen Fingernägeln ablenken und nicht etwa durch Zynismen, Sarkasmen und Ironie die Grenzen weiblichen Denkvermögens austesten wollen. Heiterkeit lässt vermuten, dass es Ihnen gut geht, folglich dürfte ihr Konto in Ordnung sein. Die Trauermiene ist ein weibliches Privileg, um interessant zu wirken, wenn man nichts zu sagen hat. Sieger sehen anders aus. Deshalb nützen Sie Ihre Gabe, wenn Sie mit Mutterwitz und Phantasie ausgestattet sind! Und trotzdem müssen Sie auf der Hut sein. Heiterkeit paart sich gern mit Ungeschicklichkeit, eine teuflische Kombination, die Frauen überhaupt nicht goutieren. Wenn Sie schon das Affenkostüm anziehen wollen, dann vergewissern Sie sich, dass Sie auf der richtigen Party sind! Peinlichkeiten verzeiht man höchstens den Erfolgreichen. Auf sexuellem Gebiet hat Humor nur dann etwas zu suchen, wenn Ihre Traumfrau Bette Middler ähnelt, von der Grundstimmung, wohlgemerkt. Die wenigsten Frauen wollen wissen, woran Sie ihre Brüste gerade erinnert haben, und Kondome mit Taucherbrillen vertragen viele Sensibelchen nicht. Unterlassen Sie, auch wenn Sie noch so gut drauf sind, Scherze, die den Körper, die Kleidung oder die Arbeit Ihrer Angebeteten betreffen! Sie werden's kaum glauben, aber die meisten Frauen wollen ernst genommen werden.

Treue

Treue steht zwar an oberster Stelle der wünschenswerten Eigenschaften eines Partners, doch genau betrachtet ist dieser Schlüssel nur dann der richtige, wenn mindestens ein anderer auch passt.

Ganz einfach: Es ist noch kein Mann allein seiner Treue wegen geliebt worden. Ein verarmter «Zwetschkenkrampus» (Teufelchen aus Dörrpflaumen), dem es in Hirn und Hose fehlt, wird seine Treue kaum unter Beweis stellen müssen. Andererseits macht es sich geradezu unwiderstehlich gut, wenn Sie Ihrer neuen Geliebten schon beim Händchenhalten sagen: «Huch, das ist das erste Mal, dass ich meine Frau betrüge!»

Treue lässt sich wunderbar mit Eifersucht kombinieren – den Mangel an Ersterer gleichen Sie durch Letztere aus. Legen Sie die moralische Latte hoch, und arbeiten Sie am Image des integeren Beschützers, dem man blind vertrauen kann, doch hüten Sie sich davor, die Augen von auffallend attraktiven Damen abzuwenden! Ihr Desinteresse wird nicht in jedem Fall als Beweis Ihrer Treue gewertet, sondern Ihre Geliebte denkt eher, dass Sie ihre Qualitäten nicht richtig, nämlich im direkten Vergleich mit anderen, einschätzen. Männer, die geradezu berüchtigt sind für ihre Standhaftigkeit gegenüber weiblichen Verlockungen, tun sich selbst nichts Gutes, schließlich klingt das so, als hätten sie schon aufgegeben, und Verlierer mag man nicht. Absolute Treue wollen nur jene Frauen, die entweder schwer betrogen wurden oder sich selbst nicht besonders toll finden. Treueversprechen sind nicht empfehlenswert, sie haben schon den Klang von einem verbalen Ausrutscher. Lassen Sie's besonders am Anfang bleiben! Aber achten Sie wieder einmal auf eine schöne Vergangenheit, die mehrfach überprüft wird! Begradigen Sie Konglomerate von gleichzeitigen Verhältnissen zu begrenzten Einzelperioden, und sollten Sie als treuloser Schurke ertappt werden, spielen Sie stets das Opfer, das einfach verführt wurde. Sogar kluge Frauen, und gerade sie, hören solche Geschichten gerne, weil damit ihre Meinung über die Naivität, Triebhaftigkeit und Hilflosigkeit ihrer Bettgenossen bestätigt wird. Am besten Sie bleiben sich selbst treu. Das wirkt männlich, macht Spaß und weckt die Lust der Frau, Sie umwandeln zu wollen. So bleiben Sie interessant.

Auch Treue will geschickt eingesetzt werden. Um Ihren Wert zu erhalten, sollten Sie die Eifersuchtsschwelle Ihrer Geliebten ausloten. In Phase eins bestechen Sie mit geradezu archaischen moralischen Prinzipien, in Phase zwei kombinieren Sie sie mit Eifersucht Ihrerseits, und in Phase drei geben Sie Ihrer Partnerin zu verstehen, dass Ihr testosterongesteuerter Jagdtrieb nur durch übermäßige Zärtlichkeit, Sex und Dienstbarkeit ruhig gestellt werden kann. Aber lassen

Sie sich nie auf einen Seitensprung ein, sobald Sie Treue auf Ihr Banner geschrieben haben! Das hat früher oder später fatale Folgen.

Zärtlichkeit

Ja, da haben wir ein Zauberschlüsselchen, mit dem sich Frauenherzen und andere Körperteile öffnen lassen. Der einfachste und wirkungsvollste der sieben. Im Grunde genommen gibt es hier keine Gefahr der Überdosierung, denn selbst wenn Sie zum Fleisch gewordenen Plüschtier mutieren, können Sie sich darauf verlassen, dass das die Qualität ist, die Frauen am häufigsten vermissen – so sehr, dass sie sogar behaupten, nur Frauen wären wirklich zärtlich. Streichen Sie dem Objekt Ihrer Begierde eine Locke aus der Stirn, eine Wimper von der Wange, und schon haben Sie den Briefträger überrundet auf dem Weg zum Heiratskandidaten! Vielleicht nützt Ihnen die Vorstellung, dass Frauen ungemein zerbrechlich sind und am liebsten wie frisch geschlüpfte Küken angefasst werden – mit unendlicher Sanftheit. Das ist schwer beim Anblick einer durchtrainierten Hammerwerferin, aber nur zu! Sie können einfach nichts falsch machen, bis auf eine einzige Ausnahme: Wenn eine Frau beim Sex an Godzilla oder ein Maschinengewehr denkt. Na ja, dann sucht sich der Bussibär eben ein anderes Schnurrli. Zärtlichkeit steht seltsamerweise gerade extrem maskulinen Männern, also genieren Sie sich keineswegs für Ihre stark behaarten Pranken, sondern setzen Sie sie wie bei einem Baby ein: behutsam, beschützend. Gehören Sie eher zum feingliedrigen Typus, werden Sie automatisch von Frauen als Ausbund an Zärtlichkeit betrachtet und dürfen nach Ihrer Wahl zum Tisch- und Bettgenossen nie mehr etwas anderes tun als hätscheln, streicheln und kosen. Mit Künstlerhänden brutal handwerken schockiert einfach.

Hartnäckigkeit

Sie ist der Trumpf der Beta-, Gamma- und Deltawölfe, also all derer, die nicht sofort in die Poleposition gelangen konnten. Hartnäckigkeit erfordert Intelligenz, denn Sie müssen erkennen, wann sie sich auszahlt. Ihre Stunde schlägt, wenn das Zielobjekt in emotionalen oder ökonomischen Turbulenzen steckt. Liebe auf den zweiten Blick eben oder der Sieg der Vernunft. Damit ist nicht der erste Korb gemeint, den Sie wegstecken, weil Sie recht gut wissen, dass Sie damit die Einladung zum «Fang mich!»-Spiel erhalten haben. Dort liegen Sie in gleicher Reihe mit anderen Bewerbern. Hartnäckigkeit, von der hier die Rede ist, bezieht sich auf einen langen Kampf: den der Überzeugung. Sie erobern das Herz Ihrer Dame über ihren Kopf.

Aber setzen Sie Ihre Energie sparsam ein, vor allem Ihre finanzielle! Nach dem dritten «Vielleicht» laden Sie lieber Ihre Putzfrau zum Essen ein, sofern Sie sich nicht auf die Maikäferrolle einstellen, das heißt, Jahre als Engerling zu verbringen – nicht sichtbar, aber doch vorhanden, um dereinst im Mai das lädierte Liebesobjekt zu umschwirren. Denn wenn Sie zu lange warten, hat sich die goldige Haselmaus in eine graue Maus verwandelt, während Sie vorm falschen Loch auf der Lauer lagen. Auch die Hartnäckigkeit in Form von Briefen, Anrufen und Geschenken, um eine Entlaufene zurückzuerobern, ist nicht wirklich empfehlenswert. Gut, Sie haben sie wieder, weil Sie so nett geschrieben und eine immense Geduld bewiesen haben, aber wahre Liebe kennt eigentlich keine Begründungen …

Jetzt dürfen Sie wählen, mit welchem Schlüssel Sie welches Herz aufsperren werden. Noch ein letzter Tipp: Sie können davon ausgehen, dass die meisten Frauenherzen Zahlenschlösser haben …

Die Intrige oder WAS FREUNDE FÜR SIE TUN KÖNNEN

Der beste Freund eines Mannes, der Hund, mag zweifelsohne auch beim Umgang mit Frauen eine wesentliche Rolle spielen, beispielsweise beim Anbandeln oder bei der Auswahl einer echten Heiratskandidatin (was dem Hund recht, kann dem Herrchen nur billig sein). Aber als Besitzer eines Mastinos oder einer Bordeauxdogge wäre es vielleicht besser, die Hilfe der menschlichen Freunde in Anspruch zu nehmen.

Freunde tragen sehr viel zum Image eines Mannes bei und haben einen bedeutenden Platz in der Checkliste einer Frau, die mehr über den Herrn erfahren will, dessen Po ihr so markant ins Aug' gestochen ist. Zuweilen allerdings nimmt die Begutachtung der Freunde ihres Herzallerliebsten eine Dame derart gefangen, dass sie von dem einen oder anderen gar nicht mehr lassen kann.

Auf die rechte Auswahl seiner Freunde sollte ein Mann besonders dann achten, wenn seine Herzallerliebste aus einem völlig anderen Umfeld stammt. Für sie sind die Freunde der erste und wichtigste Hinweis darauf, wie er wirklich lebt, mit wem er die meiste Zeit verbringt, wem er vertraut oder wie er selbst vielleicht gern wäre. Viele Männer sind in dieser Hinsicht sehr nachlässig und gehen einfach davon aus, dass ihre Partnerin alle Freunde akzeptieren muss, wie sie sich eben geben. Das zeugt aber nur von geringer Frauenkenntnis und nimmt einem Mann etliche Chancen, Freunde hilfreich zur Eroberung, Verführung oder Überzeugung einer Frau einzusetzen. Eine Begegnung mit den Freunden ihres Partners kann für eine Frau nämlich weitaus größere Folgen haben, als ein Mann glaubt.

Welcher Eroberer im ersten Taumel seines Liebessieges denkt sich viel dabei, seine «Neue» seinen besten Kumpanen aus Kindergartentagen, Studienfreunden oder Arbeitskollegen vorzustellen? Wenn ihm überhaupt etwas an seinen Freunden unpassend oder weniger günstig erscheinen sollte, verlässt er sich darauf, dass ihm genügend lustige Anekdötchen einfallen, die alle Peinlichkeit vernichten. Ein Mann geniert sich meist tausendmal eher für die Schusselfrisur seiner Frau Mama und die wenig zeitgeistige Suada seines Herrn Papa bei der Primärpräsentation seiner Liebsten als für einen einzigen Freund, selbst wenn dieser ein Musterbeispiel an Geschmacklosigkeit oder kaschiertem Schwachsinn abgeben könnte. Ja, bei vielen Männern scheint die Wahl der Freunde, mit der man die Partnerin konfrontiert, nach dem Prinzip der höchsten Zumutbarkeit zu erfolgen. Und gar nicht selten schmücken sich Männer mit Freunden wie mit abschreckenden Tapferkeitssymbolen. «Schau her! Ich hab den allergrausigsten Kerl in meiner Kumpanei! Mit so einem trau ich mich Umgang zu pflegen!» Womit wiederum manche Vorliebe für gewisse Vierbeiner erklärt werden dürfte, deren Schönheit bestenfalls Kampfrichter auf Anhieb sehen. Den Mut, sich zu etwas ungewöhnlichen Freunden zu bekennen, wird leider von den wenigsten Frauen als solcher gewertet. Und sobald der pure Unterhaltungseffekt der Anekdotenträger verblasst ist, weiß die Partnerin nicht mehr, was sie von der ganzen Sache halten soll.

Der schlimmste Fehler unterläuft Männern aber in der unbedachten Freundeswahl dann, wenn sie die Vorliebe für Spitzbübereien, Tratschereien und Intrigen ihrer Kumpels unterschätzen. Schlecht behandelte Freunde oder heimliche Neider reagieren nämlich gern mit bösen Geschichten aus der privaten Vita des Mannes, um in der Denkmaschine der Partnerin eine grausame Verwirrung anzurichten. Allein deshalb empfiehlt es sich, in Gegenwart der Partnerin den Freundeskreis drastisch zu reduzieren, bis nur noch jene übrig sind, die außer einer guten Staffage auch Verlässlichkeit in jeder Hinsicht bieten.

Ein echter Freund rettet Ihnen nämlich nicht nur den A …, wenn es einmal sehr brenzlig wird, und sorgt zu jeder Tages- und Nachtzeit für das passende Alibi, die nötige Fluchtburg oder das reine Gewissen. Er hilft Ihnen auch aktiv und passiv, Ihre Verführungspläne zu verwirklichen, ähnlich wie ein Cowboy, der Ihnen das Kalb zum gewünschten Gatter treibt, wobei der Vergleich der Dame mit einem Rindvieh nicht beabsichtigt ist. Manche Männer haben das Teamwork der Verführung derart perfektioniert, dass sie ohnehin eher einem Wolfspack zuzuordnen sind, das gemeinsam Beute macht (und diese auch redlich teilt). Es schadet Ihnen also keinesfalls, einen wirklich guten Freund in Ihre Verführungspläne einzuweihen, und vielleicht sollten Sie auch seinen Rat beherzigen, wenn er mit Ihrer Wahl ganz und gar nicht einverstanden ist! Nach Ihrer Mutter und Ihrer Lieblingsschwester kennt niemand Sie so genau wie er. Und während jene mitunter auch Familienpolitik betreiben, hat dieser in den meisten Fällen nichts davon, wenn er Ihnen eine Frau ausreden möchte.

Da Ihr bester Freund – fast – alles für Sie tun kann, sollten Sie ihm rechtzeitig möglichst viele Informationen über Ihre Liebste zukommen lassen. Das setzt natürlich eine gehörige Portion Vertrauen voraus. Vergewissern Sie sich also auch dann, wenn Sie Ihren Kumpel schon als Lebensretter schätzen gelernt haben, seiner unbedingten Loyalität und vor allem seiner inneren Stärke! Da darf kein Funke Neid und Missgunst sein! Welche Aufgaben Ihr bestgeprüfter Freund erfüllen kann, zeigt Ihnen folgende Liste:

> Er hilft Ihnen mit der passenden Krawatte aus, wenn Sie gar keine besitzen. Selbiges kann für viele Dinge gelten, z. B. Auto, Wohnung, Papagei, Piano, Polopferd …
> Er passt sich stets den Erfordernissen an, die eine neue Partnerin an Ihren besten Freund stellt. Das heißt, dass Ihr Freund einige Rollen gut beherrscht und vom verwegenen Weltenbummler blitzartig zum heimverwurzelten Brauchtumsfanatiker mutieren kann. Er sollte immer das sein, was Ihre Partnerin gern als aus-

gleichenden Part bei Ihnen sähe. Sprich: Sind Sie unmäßig, sollte er den Bescheidenen mimen, sind Sie ketzerisch, den eher Frommen, etc.

> Er gewinnt das Vertrauen Ihrer Partnerin, indem er ihr oft genug zeigt, wie groß seine Loyalität und seine Bewunderung für Sie ist, gleichzeitig aber auch Neugier weckt, indem er ihr Dinge preisgibt, die sie noch nicht über Sie weiß, die Ihnen aber dennoch nicht schaden können. Etwa Ihre Vorliebe für teure Outdoor-Messer anstelle kuscheliger Pullover als Geburtstagsgeschenk ... Das erspart Ihnen unglaubwürdige Freudentänze rund um selbst gestrickte Peinlichpullis.

> Er kann Informationen über Ihre früheren Herzdamen geschickt einsetzen, um Ihre Partnerin in der gewünschten Weise zu manipulieren. Das ist ein höchst gefährliches Spiel, aber wirksam. Fast jede Frau misst sich mit ihren Vorgängerinnen und möchte sie auf die eine oder andere Weise ausstechen. Was immer Sie über den Umweg des Wettbewerbs und der Eifersucht erreichen wollen, gelingt Ihnen besser mit Hilfe Ihres Freundes, weil die Geschichten aus seinem Mund den Anschein der Objektivität haben. Wenn Sie zum Beispiel Ihre Partnerin zu mehr sexueller Aktivität oder nur zum Tragen «schärferer» Dessous auffordern wollen, ohne sie vorschnell zu beleidigen, dürfen Sie Ihren Freund darum bitten, Ihrer Liebsten gelegentlich zu flüstern, was Sie an Ihrer «Ex» so geschätzt haben. Dabei kann es sich freilich auch um wunderbare Kalbsnüsschen handeln ... Zuerst wird Ihre Partnerin meist trotzig reagieren und sowohl Dessous wie Kalbfleisch aus dem Leben streichen, aber eines Tages werden Sie Ihr früheres Lieblingsgericht samt scharfer Aufmachung serviert bekommen, «einfach so». Dann müssen Sie natürlich mitspielen und nicht im ersten Taumel stammeln: «Ah, wie bei der Irmi!»

> Ein wahrer Freund rettet Sie auch aus peinlichen Situationen, etwa wenn Sie ein Stelldichein mit einer Unbekannten zu sehr in die Länge gezogen haben und die «Fixstarterin» schon an der Haustür klingelt. Ihr Freund ist mit der passenden Entschuldigung für Sie zur Stelle und beschäftigt Ihre Liebste, bis die Zweit- oder Drittliebste verschwunden ist. Für solche Hilfen muss Ihr Freund aber schon richtig «zur Familie» gehören, also schon öfter mit Ihrer Partnerin allein geplaudert haben. Ein sehr viel versprechender Einstieg, um von der Partnerin eines Mannes als

untadeliger Freund akzeptiert zu werden, ist das Angebot – in einem mehr oder minder romantischen Augenblick –, der Trauzeuge zu werden, egal ob Hochzeit ein Thema ist oder die Herzensdame gerade die erste gemeinsame Nacht hinter sich hat. «Trauzeuge» klingt einfach nach Loyalität, Integrität und größter Nähe. Außerdem schätzt jede Frau einen Freund, der sie bei etwaigen Heiratsplänen unterstützt.

> Ein wirklicher Freund erfüllt einen ganz entscheidenden Zweck in der Kunst der Verführung: Er hat die Rolle des Fürsprechers. Männer schweigen gerne, besonders dann, wenn Frauen mehr und mehr über die Gefühlswelt ihres Partners wissen wollen. Hier springt nun der gute Freund ein, der die Wortkargheit seines Kumpels als besondere Ernsthaftigkeit und Gefühlsintensität gegenüber der Partnerin interpretiert. Er darf dort in Emotionen schwelgen, wo bei seinem Freund schon längst die Grenze der Lächerlichkeit überschritten wäre, und wirkt dann noch glaubwürdig, wenn er dreiste Lügen von sich gibt, einfach weil viele Frauen nicht genug davon hören können, was ein anderer über die Liebe zwischen ihnen und ihrem Partner erzählt. Unsicherheiten, die ein Mann kaum aus dem Weg räumen kann, sobald seine Partnerin misstrauisch geworden ist, verfliegen oft nach den beruhigenden Worten des besten Freundes.

> Leider zählt zu den Aufgaben der wahren Freunde auch die äußerst unerfreuliche der Unterstützung in Trennungsangelegenheiten. Aber der beste Freund fungiert nicht nur als «Rausschmeißer», indem er einer Dame den sehr wohlmeinenden Rat gibt, die Flucht zu ergreifen, sondern er bleibt auch so lange die Anlaufstelle für Verflossene, bis deren Hoffnungen endgültig passé sind.

Mit einem Freund eine Verführungsintrige anzuzetteln und durchzuziehen erfordert neben höchstem Vertrauen viel Übung und Geschick. Ein Freund kann Ihnen eine Frau «zuspielen», indem er alles tut, um Sie in ihren Augen schlecht und uninteressant zu machen und somit eine Trotzreaktion herbeizurufen. Nicht selten sind es nämlich genau jene Männer, über die Frauen in verächtliche Reden mit einstimmen, die schließlich in deren Bett landen. Oder der beste Freund erobert eine Dame, nur um sie fallen und von Ihnen trösten zu lassen. Und wer kennt sie nicht, die berühmten «Abschusslisten» in eingeschworenen Männerrudeln?

Freunde eines Mannes können eine Frau dazu bringen, ganz wesentlich von ihren bisherigen Verhaltensweisen abzuweichen, nur um einen mindestens ebenso wichtigen Platz in seinem Leben einzunehmen. So werden ungezwungene Freunde Ihre Partnerin eventuell zu mehr Offenheit animieren – oder das Gegenteil bewirken, wenn eine Partnerin bewusst in Opposition geht, um zu zeigen, dass sie der Zuneigung ihres Liebsten absolut sicher ist, keine Anpassung nötig hat und nicht mit Freunden um die Gunst des Mannes konkurrieren muss. Übertreiben Sie folglich den Einsatz der Freunde nicht, sonst laufen Sie Gefahr, eines Tages vor ein Ultimatum gestellt zu werden, das Sie zur Entscheidung zwischen Freund und Partnerin zwingt! Halten Sie in einem solchen Fall stets zu Ihrem besten Freund – sofern dieser aus einem Napf frisst und gelegentlich entwurmt werden sollte!

So lassen Sie sie kommen

Das Grundprinzip einer erfolgreichen Eroberung besteht eigentlich in den beiden Fragen: «Wie desinteressiert muss ich mich geben, um interessant zu sein?», und «Wie freundlich darf ich sein, bevor ich zum Trottel werde?» Viele Männer hauen bei der Balz so kräftig auf den Putz, dass sie die meisten zaghaften Bewerberinnen verschrecken. Oder sie hören trotz gelungener Paarung gar nicht mehr auf zu balzen – mit ähnlichen Konsequenzen. Wo liegt nur der Ursprung für ein Verhalten, das oft berechtigte Zweifel an der Intelligenz mancher Männer aufkommen lässt?
Warum liefern sich nicht wenige Männer regelrechten Schikanen von Frauen aus, die sie höchstens im Zuge eines Alkoholexzesses oder einer halben Vergewaltigung ins Bett kriegen? Warum dienen sie in der miesen Rolle des besten Freundes einer Dame, die inzwischen zehn andere Männer als Geliebte akzeptiert und nur Gnadenküsse oder einmal im Jahr ein Bonus-Sexspiel («Wenn's denn sein muss!») gewährt? Und warum sind oft gerade jene Männer beim «Aufriss» hoffnungslose Versager, die offensichtlich unter «Schwiegermamas Traum» firmieren?
Letztere begehen einen Kardinalfehler: Sie machen alles richtig. So richtig, wie es Frauen gefallen müsste. Dabei haben sie sich leider

meist nur an zwei Frauen orientiert: Mutti und Schwester. Es ist sehr schwer, einem solchen Mann zu zeigen, was er tatsächlich falsch macht, denn eigentlich wirkt er perfekt: Er bringt Blumen mit, benimmt sich höflich und zuvorkommend, führt eine Frau zum Essen, auf Bälle oder in die Natur – ganz nach Belieben. Er glänzt mit sportlicher Begabung ebenso wie mit kulturellen Ambitionen. Und wahrscheinlich sieht er sogar gut aus. Keiner wird derart oft zu Hochzeiten und Taufen geladen, weiß er doch, was sich gehört (Geschenke), und tanzt dort wohl am allerlängsten – bis ihn die letzte Partnerin verlässt. Ihm mangelt es sicher nicht an Dingen, die Frauen beeindrucken (auch körperlich ...), aber eines hat er nicht: Reiz. Für Frauen ist er so uninteressant wie für ein Raubtier eine Beute, die sich nicht bewegt. Ein Mann, der keine Schwierigkeiten macht, ist schlicht langweilig. Wenn man mit ihm nicht einmal die Eltern auf die Palme bringen kann, geschweige denn sich selbst hin und wieder an den Rand des Wahnsinns treiben, duldet man ihn überall – außer im Bett. Die Männer, die sich tadellos benehmen, werden von vielen Frauen als unerträglich lästig empfunden («Oh Gott, da steht er schon wieder mit Rosen vor der Tür! – Am besten, ich lass ihn mein Auto putzen!»). Frauen versuchen dann, durch immer dreistere Gemeinheiten dieses makellose Verhalten zu einer Entgleisung zu bringen, und so darf sich ein «edler Ritter» nicht wundern, wenn jede seiner Wohltaten mit ärgeren Provokationen quittiert wird.

Frauen wollen keinen Mann im Bett, der widerstandslos zur Verfügung steht. Deshalb sollten Sie von allem Anfang an auf eine vernünftige Menge Arroganz und Egoismus achten. Beherzigen Sie folgende Ratschläge:

- Üben Sie sich schon beim ersten Kontakt in Zurückhaltung! Geizen Sie sowohl mit persönlichen Fragen wie auch mit persönlichen Auskünften! Ihr Gegenüber sollte danach gieren, von Ihnen bestimmte Fragen gestellt zu bekommen, und im Notfall sogar ungefragt die Dinge ausplaudern, die Sie wissen wollen.
- Fangen Sie bescheiden an, ohne es an Geschmack fehlen zu lassen, was Einladungen, Geschenke, Urlaube etc. betrifft. Aber achten Sie darauf, dass Ihre Herzensdame weiß, was Sie wirklich zu bieten hätten!
- Zerstören Sie jegliche Routine und sorgen Sie für Unregelmäßigkeiten z. B. bei Telefonaten, Rendezvous etc.! Sie dürfen weder übers Handy noch im Leben leicht zu haben sein!

- Auch wenn es Sie noch so drängt, warten Sie mit Liebeserklärungen bis zu jenem Moment, da Ihre Partnerin fast der Verzweiflung nahe ist!
- Lassen Sie eine Frau auch beim Küssen, Kuscheln und im Bett ein wenig zappeln! Geben Sie sich zumindest ab und zu kühler und ruppiger, als Sie eigentlich sind, und pflegen Sie Ihre Launen, bevor Sie versuchen, sie völlig in den Griff zu bekommen!
- Bieten Sie Ihrer Herzallerliebsten großartigen Sex, der den Verdacht nahe legt, dass Sie viel, viel Übung und noch mehr Phantasie haben, und geben Sie sich dann wieder bei Verführungsversuchen Ihrer Partnerin ziemlich ungerührt (im Notfall denken Sie vielleicht an Spinnen, Spritzen oder Schwiegermama)!
- Sträuben Sie sich so lange wie möglich gegen eine gemeinsame Wohnung, und ziehen Sie am Anfang der Beziehung ein, zwei Urlaube mit Freunden anstelle der Partnerin (in spe) durch!
- Behalten Sie private Refugien und Geheimnisse! Erzählen Sie weder Ihre ganze Lebensgeschichte noch all Ihre Traumata und Träume, und verweigern Sie den Zugriff auf Ihre private Schatzkiste mit Fotos, Briefen, Souvenirs bzw. auf Ihren Computer!
- Lassen Sie weder Geschenke noch Komplimente zur Selbstverständlichkeit werden, und überhören Sie gelegentlich Wünsche!
- Zeigen Sie Ihrer Partnerin, dass Sie ohne sie auch ganz gut leben können! Aber hüten Sie sich vor allzu häufigen Statements wie: «Ohne dich wäre ich wenigstens in der Welt herumgekommen!»
- Legen Sie sich unentbehrliche Mitarbeiterinnen zu, die annähernd so hübsch sind wie Ihre Liebste und alles für Sie tun würden!
- Speichern Sie ein paar unbekannte Anrufer auf Ihrem Handy und tragen Sie ein paar Telefonnummern ohne Adresse in Ihr Notizbuch ein bzw. gewähren Sie Ihrer Liebsten gleich zu Beginn einen Blick in Ihr dickes Adressbuch!
- Verabschieden Sie sich mit der Floskel: «Ich ruf dich an!» Jede vernünftige Frau weiß, was das bedeutet, und wird mit ihrem Stolz ringen. Rufen Sie sie aber trotzdem erst nach einer geraumen Zeit an, wenn sie sich nicht meldet.
- Im Notfall beleidigen Sie die Dame mit einer scheinbar unbedachten Äußerung, die ihr entweder einen Schönheitsfehler oder

mangelnde Kompetenz auf einem bestimmten Gebiet vorwirft! Viele Frauen reagieren auf eine Infamie mit einer seltsamen Gegenwehr: Sie verlieben sich in den Flegel!

«Naturtrüb» oder WARUM NATÜRLICHE DUMMHEIT SO SEXY WIRKT

Was schmerzt einen Mann wohl mehr: die Liebste an einen hässlichen Geldsack oder an einen erfolglosen Schönling zu verlieren? Wie wär's mit einer dritten Variante, die man oft vergisst, verschweigt oder so lange belächelt, bis es ein böses Erwachen gibt: Der Kerl, der sich zwar kein tolles, aber immerhin ein Auto leisten kann, dessen ländliche Schönheit ein paar grobe Fehler hat und der das Schulbankdrücken zu wörtlich genommen hat, sprich eher die motorischen als die geistigen Fähigkeiten entwickelte, spannt Ihnen die Frau aus.

Wenn Sie ein gewisses Bildungsniveau besitzen, werden Sie wahrscheinlich nie damit rechnen, dass Ihre Partnerin dem Charme eines geradezu unverschämt ungebildeten Menschen zum Opfer fallen könnte, es sei denn, Sie haben sich für eine Partnerin entschieden, die ebenfalls eher die motor…

Ob Sie's glauben oder nicht, geistige «Nackerbatzln» (Minderbemittelte) haben einen Sexappeal, dem man sich kaum verschließen kann, speziell wenn der Bildungsmangel gepaart ist mit einem sensationellen Selbstbewusstsein und der tief verwurzelten Überzeugung, fürs Leben und Überleben bestens ausgestattet zu sein.

Das hat einen stark animalischen, ja raubtierhaften Zug, und wenn Sie dem Geheimnis dieser Kerle auf die Spur kommen wollen, müssen Sie begreifen, welche Freiheit sie genießen: «Naturtrübe» Menschen, deren intellektuelle Unbedarftheit keineswegs aufgesetzt ist, sondern richtig von «innen» kommt (manchmal seit Generationen!), leiden einfach nicht unter Selbstzweifeln, quälen sich nicht ab mit Dingen, die den Verstand überfordern könnten, wissen für sich genau, wo's langgeht, und haben keine falschen Hemmungen, wie sie aus viel zu komplizierten Denkspiralen entstehen. Diese Freiheit suggeriert Ursprünglichkeit, womit wir wieder bei der Nacktheit wären. Mangelnde Selbstkritik führt automatisch zu einem besseren Körpergefühl, deshalb bestechen solche Kerle schon allein durch ihr Auftreten: Selbstbewusst, fröhlich und geradeaus. Brust und Hinterteil fallen sofort ins Auge, und mit Sicherheit nicht unangenehm. Diese Männer pflegen ihren Körper, weil er ihnen Spaß macht, wie das Auto eben. An ihnen sehen im Grunde lächerliche Utensilien gut aus, denn sie haben Konsequenz im Stil. Das mögen Frauen. Sie haben's gern, wenn die Sachen zusammenpassen. Und da kann die Frisur ruhig dem ungarischen Wollschwein abgeguckt sein. Kein intellektuelles Babylon verwirrt die Sinne, die Dinge werden beim Namen genannt, und welche Frau liebt sie nicht, die handfesten Komplimente gleich beim ersten Drink an der Schneebar, die herrlich blumigen oder derben Zweideutigkeiten, begleitet von «Huhu!», und «Na, so!», die die Romantik der Ferienliebe aus Kindertagen aufkommen lassen.

Es ist das Selbstbewusstsein, das auf das zarte Geschlecht so erotisierend wirkt, denn es verheißt Schutz. Ritterliches, ja Heldenhaftes liegt in den durchaus ernst gemeinten Versprechen dieser Mannsbilder, denn für Spielereien und Ränke haben sie nichts übrig (Speicherkapazität!). Dementsprechend klar und unkompliziert ist der Sex. Schon beim Küssen machen sich die übertrainierten motorischen Fähigkeiten bemerkbar. Da werden Zahnlücken ausgenützt und Kaugummis umgangen, dass einem klar wird, wie dumm es eigentlich ist, die Zunge zum Reden zu verwenden. Und erst recht, wenn es zum Äußersten kommt. Als Frau weiß man endlich wieder, wofür man geliebt wird («Deine Titten sind größer als die von der Moni, huhu!»). Die Anweisungen sind männlich direkt («Na, so!»), und der Lustpegel steigt deutlich, weil der Körper im Mittelpunkt steht anstelle von erotischen Ideen. Wie schön ist es, nach einiger Zeit vom Betthelden vorsichtig zu intimen Spezialitäten überredet zu werden, die man eigentlich schon im Standardprogramm führt! Hohe Liebeskunst in einer neuen Interpretation, ohne unnötiges Drumherum, birgt fast eine Suchtgefahr. Das ist Natur. Ein Gipfel ohne Seilbahn ... und kein Denkmodell mischt sich unter die Urlaute. Das macht Spaß!

Geistige Tollpatschigkeit ist dreimal so anziehend wie körperliche, wenigstens ab einem bestimmten Alter. Sie zeugt von einer hohen Widerstandskraft. Da hat kein Lehrer einen bleibenden Eindruck hinterlassen können. Alles geht ins Herz – oder in die Hose. Ja, und wen mag es noch verwundern, dass sich Frauen hier verstanden und aufgehoben fühlen? Königin des Herzens wollen sie ja sein, nicht

Zerebralcäsarin. Außerdem ist es eine traurige Tatsache, dass vorwiegend geistig tätige Menschen stärker unter Haarausfall leiden. Na ja, und wenn eben das Gehirn nicht so viel Blut fordert, bleibt halt mehr für das andere Vorzeigeobjekt.
Ganz trickreiche Männer haben sich dieses Wissen längst zunutze gemacht und fahren geistig eher untertourig, wenn sie beim anderen Geschlecht Eindruck schinden wollen. Das ist gar nicht so einfach, weil nur die natürliche, angeborene Tollpatschigkeit diesen unwiderstehlichen Charme ausübt. Trotzdem gibt es wahre Könner auf dem Gebiet. Sogar ein ganzes Land …
Warum wohl fallen Saison für Saison zahllose Frauen auf die österreichischen Bauernfänger / Fangbauern herein? Der berüchtigte «Schmäh» der Skilehrer und anderer Vertreter der Touristikbranche bedient sich einfach des oben beschriebenen Phänomens. Vielleicht ist diese Taktik schon derart im Volk verwurzelt, dass niemand mehr weiß, wo die Grenzen zwischen echten und vorgetäuschten Intelligenzmängeln sind. Schließlich bedarf es hoher Selbstdisziplin, um blöder dazustehen als man ist, einzig und allein, um Weibchen anzulocken. Das erklärt auch die saisonalen Begrenzungen. Oder könnten Sie sich vorstellen, ein Leben lang den Trottel zu spielen, nur damit im Bett etwas läuft? – Hm, Sie tun das schon seit Jahren? Seit dem Tag Ihrer Vermählung? Und rechnen gar mit lebenslang?
Bleibt zu hoffen, dass sich das auch auf Ihren Haarwuchs und Hormonhaushalt auswirkt.

«Die ‹heilige› Familie»

Nesthocken – DIE GROSSE FALLE

Im Macho-Märchenland Italien ist unlängst der Traum aller Mütter wahr geworden: Nach Jahrhunderten (Jahrtausenden?) intensivster Bemühungen bleiben Mamas Lieblinge weit über die Geschlechtsreife hinaus daheim bei der immer vollen Schüssel und den immer gleichen Fragen. Da kriechen die flotten Manager morgens unter der Goofy-Bettwäsche hervor, schlurfen in den ausgelatschten Tigerpfoten-Plüschpantoffeln ins Bad, wo sie halb blind unter Muttis nassen Schlüpfern nach den Armaturen tasten, bevor sie sich auf ihren Platz am Küchentisch setzen. Dreißig Jahre dasselbe Ritual: Mami grinst und Söhnchen furzt. Krawumm! Dann ist der smarte Finanzchef draußen bei der Tür, um ein bisschen das Geschick der Welt zu lenken. Die italienische Mama darf derweil den PC und die lustige Sparbüchse vom Staub befreien, die Goofys glatt streichen, die Tigerpatschen verstauen und überlegen, welche Speise sie ihrem Banker auf den Leib kocht. Denn der kommt abends wieder heim. So wollten sie's doch immer haben, die Mütter, die für ein paar Bussis auf die Wange das Glück beim Sockenwaschen genießen. Inzwischen freilich bereitet die Idylle dem Staat schon richtig Sorgen. Nicht etwa, dass die Heimschläfer Taugenichtse wären – das Gros stellen Akademiker –, das Problem zeigt sich in einem echten Strukturwandel: Die Großfamilien verschwinden zugunsten der seltsamen Form: Eltern + großjährige Singles, die erst in den späten Dreißigern zarte Versuche in Richtung Ehe unternehmen und dann bei maximal zwei Kindern die Familienplanung für beendet erklären. Der Todesstoß für das Klischee der zehnköpfigen Bambinischar rund um Uromis Spaghettischüssel! Der ausbleibende Kindersegen verwundert niemanden. Die Gegenwart einer (Schwieger-)Mutter, sprich: der offene Türspalt im Wohnzimmer, die abfälligen Blicke beim Leintuchwechseln und die übertriebene Lässigkeit, mit der Vaseline-Tiegel unter dem Bett des Lieblingssohnes hervorgefischt werden, beschert selten etwas anderes als einen Coitus interruptus.

Eigentlich passen solche Szenarien gar nicht in das Land, das gerade eine Renaissance der Vespas erlebt – jenes Sinnbilds für die erste Unabhängigkeit (vom Elternhaus). Aber vielleicht führt die Sehnsucht nach der trügerischen Familien-Idylle der fünfziger Jahre, die sich nicht nur in den Vespas, sondern auch in anderen «Revivals» (Werbung, Filme, Neo-Machismo) spiegelt, zum Fehlverhalten der Sprösslinge, die lieber bei Mama und Papa bleiben wollen als allein draußen in der bösen weiten Welt.

Hierzulande mausert sich dieses Phänomen zur Selbstverständlichkeit. Da hocken angegraute Geschwisterpärchen wie Eulenjunge im Hochbett der Elternwohnung, nur um nachts einmal kurz auszufliegen, zwecks irgendeiner Triebbefriedigung. Angesprochen auf Eigenheim machen sie Riesen-Uhuaugen. Vorbei scheinen die Zeiten, wo man nicht früh genug der elterlichen Pflege entkommen konnte. Heute zieht es besonders die männliche Jugend sehr spät in die «Freiheit». Kaum dem Wehrdienst entronnen, landen die Jungmänner schon wieder vor Mamas Waschmaschine und lassen selbst bei Einrichtung einer eigenen Wohnung den mütterlichen Versorgungsdraht nicht abreißen. Man mag ja Verständnis dafür aufbringen, dass ein Manager nach all dem Sashimi und Känguru Heißhunger nach Gerichten aus Kindheitstagen verspürt und Sachen verdrückt, die er früher nur mit Hilfe des Haushundes vom Teller brachte. Aber wie erklärt sich das masochistische Bekochungsritual, bei dem der Sohnemann die tödliche Fettdosis bekrittelt, während Frau Mama laut über die Unkosten nachdenkt? Warum bleiben die Karrieristen an Muttis Plastiktischtuch kleben (bildlich gesprochen), wenn sie doch täglich auf Damast essen könnten? Schmeckt der Hackepeter so unwiderstehlich, dass sie dafür gern die Nörgelei, Jammerei und Stichelei in Kauf nehmen, die das Wohnen mit den Eltern mit sich bringt? Steigt mit der Bildung die Neigung zur Sentimentalität, sodass man es ohne den vertrauten Klang der Klospülung nicht aushalten mag? Braucht man die Kindergarten-Kumpels, um jung zu bleiben, die alten Jugendlieben als Kreuzwegstationen? Sollten die erfolgreichen Analysten blind sein für den größten Stolperstein auf dem Weg zu einer glücklichen Beziehung?

Ein gemütliches Elternhaus kann eine verheerende Wirkung auf das Liebesleben eines Sohnes haben. So Karriere fördernd eine solide Basis ist – ein Heim, wo man von «Muttern» umsorgt, von «Vatern» geprüft wird –, so schnell entpuppt es sich als Falle, denn die Trägheit, die uns allen innewohnt, schminkt sich als Sozialgefühl. Man bleibt im elterlichen Haus, weil man in einem Zug die Schmutzwäsche abladen, den Kühlschrank leer räumen und in Unterhosen telefonieren darf und sich weder zur Reinigung noch ins Restaurant begeben muss. Die Hemden findet der Herr Sohn in der richtigen Farbfolge im Schrank und spart sich das mühsame Training seiner Bettgefährtin, die ohnehin nie die Bügelfalten in den Shorts hinkriegt. Schäbig obendrein der Gedanke, die Freundin als Putzfrau zu missbrauchen! (Die Mama freilich tut freudig ihre Pflicht.) So beugt der kluge Mann bei seiner Mutter dem «Empty-Nest-Syndrom» vor, während er seine Liebste davor bewahrt, kleinliche Befehle wie «Das nächste Mal bitte die Socken nur falten, nicht wenden!» als Schikanen aufzufassen. Beim Vater rechtfertigt sich der große Kuckuck für die unterbliebene Nestflucht mit einem weiteren noblen Gedanken: Der Herr Papa sieht Tag für Tag, was aus dem Sohn geworden ist, d. h. wie gut er das sauer verdiente Geld in Schul- und Studiengebühren investiert hat. Nämlich so, dass der Sohnemann bald von dieser, bald von jener Traumreise erzählen kann, die sich Papi nie leisten durfte (Studiengebühren ...). Väter scheinen nicht nur von derlei schönen Geschichten tief beeindruckt zu sein, sondern auch von der Nonchalance, mit der Heimhocker-Söhnchen den Autoschlüssel verlangen, den Inhalt der Hausbar dezimieren und unangenehme Rechnungen an die Familienkasse abgeben. Schnöden Utilitarismus oder gar vernünftiges Kalkül lassen sich die Manager im Jugendzimmer höchst ungern vorwerfen, und doch offenbaren die sehr erfolgreichen unter ihnen in manchen Dingen eine geradezu lüsterne Knauserigkeit: «Mausi, wieso kaufst du eine große Tube Senf?»

Der Vorteil, bei Muttern zu futtern, ist keineswegs ein ausschließlich materieller. Mutterliebe macht sich besonders dann bemerkbar, wenn der Manager sein Privatleben nicht ganz so im Griff hat wie sein berufliches. Mama lügt für ihn am Telefon, merkt sich die Namen seiner jeweiligen Flammen besser als er (und auch die wichtigsten Erkennungsmerkmale), lässt delikate Souvenirs im rechten Augenblick verschwinden und erweist sich in brenzligen Situationen als genialer Stichwortgeber. Für manche Männer werden solche Mütter unverzichtbar. Auf sie ist Verlass, wenn man sturzbetrunken mit einer Namenlosen aufwacht, während die Kosenamenträgerin ans Fenster klopft. Mama fängt die eine ab, damit die andere verschwinden kann, im Notfall erhöht sich eben kurzfristig die Zahl der Verwandten.

Aber just diese «Teamarbeit» mit dem Sohnemann macht das Leben im Elternhaus verhängnisvoll. Eine Mutter, die Einblick in die Verhältnisse ihres Sohnes hat, bedient sich schnell der Macht, die ihr dieser Umstand verleiht. Mit ihrem formidablen Gedächtnis und zuweilen auch mit Hilfe eines Tagebuchs ist sie zweifelsohne in der Lage, ihren Sohn in all die peinlichen Situationen zu bringen, aus denen sie ihn normalerweise rettet. Das weiß der Sohnemann und findet sich in ärgsten Nöten, wenn er mit einer Freundin aufmarschiert, die seiner Frau Mama partout nicht zu Gesicht steht. Mütter haben ein Talent dafür, mit dem ersten Kuchen für die «Neue» gleich einige Andeutungen zu servieren, die die Edelste zu einer gemeinen Schnüfflerin werden lassen und der Stolzesten ein paar Dellen ins Selbstbewusstsein schlagen. Als «heiße Zone» für derlei Attacken kann die Küche gelten, denn bekanntlich begleitet der Sohnemann seine Liebste nicht, wenn sie Achtung heischend das Geschirr zur «Schwiegermama» trägt. Küchengesprächen sollte niemand seine Frau / Freundin ausliefern. Mütter öffnen nämlich keineswegs nur die Besteckladen ... Zwischen Abwaschfloskeln und Geheimrezepten (denen die wichtigste Zutat fehlt) werden Dinge weitergegeben, die für die Beziehung so gesund sind wie Speck für die Galle. Kein Wunder also, wenn die Liebste die Küche mit glasigen Augen verlässt, ohne Zwiebeln geschnitten zu haben.

Nesthocker scheinen versessen darauf zu sein, ihre jeweiligen Partner dem Urteil der Eltern auszusetzen. Dabei ignorieren sie den Röntgenblick der Mütter, die noch unter einer Bomberjacke den fehlenden Busen orten, und die traditionellen Spionagetricks der Väter, die sowohl Vorleben als auch eventuelle erbliche Belastungen der vermeintlichen Braut ausgeforscht haben, noch ehe der erste Händedruck erfolgt. Daheimbleiber aus Leidenschaft müssen damit rechnen, dass die Kritik am Partner meist viel drastischer ausfällt, weil er von Anfang an nicht als Gast, sondern als «Mitbewohner» gesehen wird, der aus dem Stand die Sitten und Gebräuche des Hauses kennen soll. Wenn Sie nichts davon abhalten kann, Ihre Liebste unter den scharfen Glasaugen Ihrer Stofftiere zu vernaschen, dann ersparen Sie ihr wenigstens Folgendes:

> das gemeinsame Frühstück mit den Eltern
> mehr als eine Minute solo mit Muttern

- die Schmutzwäsche der Dame des Hauses geben zu müssen
- den Samstagabend im Wochenendhaus oder Wohnmobil mit Omi und Freunden der Familie
- die Offenlegung des Finanz- und Intimgebarens («Wozu braucht sie denn Bodys mit hinten einem Loch?»)
- Dressurübungen zum besseren Verständnis der Hausordnung («So, und jetzt mach die Jaguartüre noch einmal zu, aber diesmal sachte!»).

Ein Argument freilich wiegt fast alle nachteiligen Schilderungen des Nesthockens auf: Daheim ist man in der Übermacht. Schnelle Territorialgewinne seitens der Partnerin, wie sie in Junggesellenbehausungen häufig vorkommen, gibt es eher selten, denn die Küche – das erste Vormarschgebiet – sichert Frau Mama. Und ist man der Herzensdame überdrüssig, befördert Mami die Liebste mit wohlmeinenden Ratschlägen außer Haus, während man vom Balkon zuschauen kann, wie Papa Ex-Mausis Habseligkeiten im Auto verstaut. Schwuppdiwupp erstrahlt das Jugendzimmer im alten Glanz, und Petzibärli hat wieder seinen angestammten Platz.

Die Erbengeneration weiß, was sie ihren Eltern schuldig ist: Statt Mami und Papi Sonntag für Sonntag auf den Kuchen und Familiengeschichten sitzen zu lassen, gewährt man ihnen tagtäglich Einblick in die Entwicklung des Sprösslings – vom ersten Kuss an der Haustür bis zur Bombenbastelei. Ja, da braucht sich keiner ums Altwerden sorgen …

Die Frauen der Familie und ihr Einfluss

Man muss keine Erfahrung mit einer hypochondrischen Großmutter haben, deren Herzattacken die Familie stets im letzten Moment von Fernreisen abhalten, um zu wissen, welche Macht vor allem weibliche Familienmitglieder ausüben können.

In dem Augenblick, da Sie auch nur beabsichtigen, eine bestimmte Dame näher kennen zu lernen, werden die feinen Mechanismen dieser Macht bereits wirksam, und zwar die von beiden Familien. Denn selbst als hyperkritischer Mensch mit wachem Geist und einer Alarmanlage für jegliche Art von Manipulation wird es Ihnen kaum gelingen, sich von der ersten und intensivsten Beeinflussung zu be-

freien: der Ihrer Mutter. Wenn Sie es in der Pubertät schon nicht geschafft haben, ordentlich auf Distanz zu Mamas «Vanillegrießbrei-Popoklatsch»-Verführung zu gehen, brauchen Sie in Ihren späteren Jahren gar nicht mehr damit anzufangen. Es hat keinen Sinn, mächtig auf den Tisch zu hauen, an dem man Jahrzehnte Backhendel und Backpfeifen genießen durfte, wenn plötzlich eine Frau an Ihrer Seite ist. Damit machen Sie allen Beteiligten das Leben schwer, am meisten aber sich selbst, weil Sie sich am liebsten in der Sekunde bei Ihrer Mutter entschuldigen würden, in der Sie sie eine Intrigantin nennen. (Schnitzelverweigerung auf Lebenszeit und eine Freundin, die noch nicht einmal ein Würstchen heiß machen kann? Welch grausame Konsequenzen!) Und glauben Sie ja nicht, dass Sie Mamis Prägung entkommen könnten, indem Sie ans andere Ende der Welt fliegen, um sich eine Frau zu suchen, die in allem das Gegenteil Ihrer Mutter verkörpert! Sie werden vielleicht erst nach ein paar Jahren und den ersten Kindern drauf kommen, dass Ihre Liebste fatale Ähnlichkeiten mit Ihrer Mutter aufweist und Sie selbst genau das Leben führen, das Sie an Ihrem Vater so gestört hat.
Das böse Erwachen – «Mein Gott! Jetzt sitz ich hier und darf nicht einmal von der Südsee träumen!» – können Sie trotz all der schrecklichen Prognosen verhindern: Hören Sie in Frauensachen auf Ihre Mutter! Selbst wenn Ihnen allein schon bei dem Gedanken schlecht wird, die Favoritin Ihrer Mutter ein wenig näher kennen zu lernen, sollten Sie Mamas Ratschläge nicht ignorieren. Sie weiß sowohl, wer zu Ihnen als auch zu ihr passen wird, und erspart Ihnen unnötige Reibereien bzw. drastische finanzielle Einbußen. Derjenige, der auf die Weisheiten seiner Mutter hört, wird nicht zwangsläufig die jüngere Ausgabe seiner Mama erhalten, sondern höchstwahrscheinlich eine Frau, die ihm einen ähnlichen, wenn nicht sogar besseren Lebensstandard bieten kann, als er es gewohnt ist. Ein Haken ist allerdings dabei: Allzu sexorientiert wird sich die Dame nicht zeigen. Denn keine Frau ist darauf erpicht, einer anderen Frau mehr Sex zuzugestehen, als ihr selbst gegönnt ist. Ihre Mutter wird Ihnen also bestenfalls dann eine kleine Sexgöttin mit hauswirtschaftlichen Interessen zuschanzen, wenn sie selbst noch ab und zu den Herd mit ihrem Hemdchen poliert … Am besten freilich gewöhnen Sie sich an den Gedanken, dass Sie im Zusammenleben mit einer Frau nie der Mann sein werden, der Sie in Ihren Träumen gerne wären.

Glücklich dürfen Sie sich schätzen, sobald Sie wenigstens eine Schwester haben, mit der Sie einigermaßen gut reden können. Sie erklärt Ihnen – notfalls mit Handgreiflichkeiten – die Welt der Frau und den Sinn des Lebens. Wie arm sind all die Männer, die sich mühsam einen Reim auf all die seltsamen Utensilien im Badezimmer einer Frau machen müssen, auf Tränen, die schneller trocknen als ihr Nagellack, auf Kussphobien und Allergien, Hungerticks und Hysterien! Mit einer älteren Schwester ist man gewappnet gegen alle Arten von weiblichen Spleens, mit einer jüngeren gegen die fiesesten Manipulations- und Ausbeutungsversuche. Im gleichen Maß sollte man aber beachten, welchen Einfluss die eigenen Schwestern auf die Wahl einer Partnerin haben können. Nicht selten sind sie sogar die heimliche oder offizielle Verantwortliche für die Paarbildung. Ein böses Schwesterlein, das ihren Bruder nach jahrelanger Qual loshaben möchte, vermittelt ihn sicher der Freundin, der sie schon immer eins auswischen wollte. Eine liebe handelt ähnlich wie eine Mutter: Der Bruder, das hilflose Kerlchen, muss gut versorgt werden. Aber wie schon zuvor: Ja keine Dame, die mehr Sex als Verstand mitbringt! (Auch Schwestern sind Frauen.)
Schwestern kennen einen Mann oft noch besser als die Mutter, weil er ihnen sehr intime Dinge anvertraut und über Gefühle redet, die er seiner Mutter nie und nimmer darlegen würde. Insofern wäre Ihre Schwester – vorausgesetzt, Sie verstehen sich mit ihr – diejenige, die Ihnen in Fragen der Partnerschaft am meisten helfen könnte. Sie kennt Sie – und kennt die Frauen. Doch wer hat schon eine Schwester, die klug genug ist, auch die trickreichsten Frauen zu durchschauen, und fair genug, keine Familienpolitik zu ihren Gunsten zu betreiben? Hüten Sie sich davor, die beste Freundin Ihrer Schwester gleich in die engere Wahl zu nehmen, nur weil Sie eben Ihre Schwester mögen und davon ausgehen, dass Freundinnen einander ähnlich sind! Das mag sich gelegentlich als fataler Irrtum erweisen. Bruder und Schwester tauschen genauso gern intime Details aus wie Freundinnen. Denken Sie einmal darüber nach!
Die Frauen der Familie Ihrer Liebsten können sich sowohl hilfreich als auch beziehungstötend zeigen. Männer unterschätzen sehr oft die Stärke der sozialen Bande, die eine Frau wahrscheinlich lebenslang prägen. Frauen bleiben immer tief in der eigenen Familie verwurzelt und werden, ob sie wollen oder nicht, angestammte Traditionen gegenüber der Familie des Mannes verteidigen. Das birgt ein

hohes Konfliktpotenzial, und nicht einmal der Umstand, dass eine Frau die Kontakte zur eigenen Familie auf ein Minimum reduziert, beseitigt zur Gänze die inneren Kämpfe, denen eine Frau ausgeliefert ist. Hüten Sie sich unter allen Umständen davor, sich zwischen Ihre Liebste und deren Familie zu stellen! Für eine Frau ist es ein unerträgliches Dilemma, sich für eine Seite entscheiden zu müssen.

Als Mann haben Sie es relativ leicht, eine Schwiegermutter (in spe) für sich zu gewinnen. Speziell in bürgerlichen Kreisen werden Töchter immer noch «verkauft», sprich: anstandslos dem Meistbietenden überlassen. Dabei steht nicht etwa das persönliche Glück der Tochter (was das auch heißen mag) im Vordergrund, sondern allein die Frage, welchen Vorteil die Familie aus ihnen ziehen könnte. Heutzutage müssen Sie dafür gar kein wohlhabender Arzt oder Anwalt sein, den katastrophalsten ersten Eindruck machen Sie leicht mit dem Hinweis wett, dass Sie irgendetwas reparieren können (Herrje, die teuren Handwerker! Die würden wir uns sparen ...). Verzichten Sie aber darauf, Ihr Talent gleich unter Beweis zu stellen, indem Sie den Fernseher zur Implosion und dann in Ihre Werkstatt bringen! Restaurieren Sie auch ungefragt keine Bilder und Antiquitäten, und vergreifen Sie sich nicht an Omas verfilztem Pudel! Das Herz einer Mutter erobern Sie am schnellsten, wenn Sie sie so behandeln, als wäre sie Ihre Angebetete! Auf die Gefahr hin, dass Ihre Liebste Sie für einen Trottel hält, schenken Sie Schwiegermutter in spe (oder auch nicht) Blumen, Komplimente und bei Gelegenheit wertvolle Geschenke (Mütter rechnen!)!

Mütter neigen dazu, ihre Töchter in irgendeiner Weise zu beneiden. Da bilden auch diejenigen keine Ausnahme, die auf den Betrachter wie Freundinnen oder Schwestern wirken. Darum tun Sie gut daran zu wissen, dass manche Mütter einerseits den Luxus schätzen, den Sie ihrer Tochter bieten, anderseits auch nichts dagegen hätten, wenn ihre Tochter mindestens so viel arbeiten müsste wie sie selbst – oder so unfrei wäre. Bekräftigen Sie daher im Beisammensein mit Frau Mama die Klagen der Tochter, aber halten Sie sich an jene Grenze, hinter der der Verstand schon zur Scheidung mahnen würde! Im Übrigen dürfen Sie sich darauf verlassen, dass spätestens dann, wenn Ihre Frau vom ersten Baby dunkle Augenringe, Nervenzusammenbrüche und graue Haare bekommt, Frau (Schwieger)mama mit dem Schicksal versöhnt ist. (Tun Sie Ihrer Liebsten den Gefallen und verschweigen Sie eine Weile das Kindermädchen und die Haushälterin!) Im Großen und Ganzen gilt: Für die Mutter Ihrer Partnerin müssen Sie so toll sein, dass sie mit Ihnen bei Ihren Freundinnen angeben kann, und so durchschnittlich, dass sie ihren eigenen Mann immer noch besser findet.

Die Schwestern einer Frau sind ein heikles Thema. Trauen Sie ihnen erst mal überhaupt nicht, aber lassen Sie sie das niemals spüren! Auch wenn alles anders aussieht, können Sie davon ausgehen, dass unter Schwestern ein Konkurrenzkampf herrscht, besonders bei geringem Altersunterschied. In dieser Hinsicht sollten Sie nie die Ausdauer und den Einfallsreichtum eifersüchtiger Frauen unterschätzen. Wenn Sie sich in die attraktivste der Damen verschaut haben, was Ihnen ja zu wünschen wäre (darum unbedingt gleich am Anfang alle Schwestern kennen lernen!), können Sie sich nur wünschen, dass die andere(n) Sie potthässlich finden oder bereits vergeben sind. Kommen Sie ja nicht auf die Idee, etwa pubertierende Schwestern mit Geschenken gnädig stimmen zu wollen! Bringen Sie besser Ihre Brüder oder ein paar fesche Freunde mit! Vermeiden Sie tunlichst die Verzweiflungsvariante vieler Männer in ähnlicher Situation: Sex mit allen! (Am Schluss winselt Sie vielleicht noch die Pudeldame an, was dann?)

Wir sind zwar weder in Italien noch in Schottland, doch die ältesten Damen in einer Familie haben stets ein gewichtiges Wörtchen gerade in privaten Dingen mitzureden. «Familienclans» sollten Sie rechtzeitig als solche erkennen und speziell der (Ur)Omi mehr Aufmerksamkeit widmen. Mit dem Alter wächst das Misstrauen, folglich ist das keine leichte Aufgabe. Rechnen Sie mit gespieltem Hördefizit ebenso wie mit schockierender Direktheit (Alkohol spielt nicht selten eine Rolle), mit absichtlichen Namensverwechslungen (um Ihren Informationsstand bzw. Ihre Eifersucht zu prüfen) wie mit Freiheitsberaubung («Der junge Mann wird mich doch mittwochs ins Theater fahren ...»)! In mancher Omi werden Sie rasch eine Verbündete finden. Dann nämlich, wenn sie die Hüterin des Familienschatzes ist und von der jüngeren Generation nur aus diesem Grund wechselweise gehätschelt und schikaniert wird. Ihr gutes Verhältnis zur vermeintlichen Oma Dagobert kann Ihnen aber wiederum beträchtliche Schwierigkeiten mit Schwiegermama (in spe) eintragen. Andererseits wird es kaum jemandem gelingen, einen neutralen Standpunkt zu wahren, sobald er mit einer Familie konfrontiert ist, die als Clan auftritt und jeden Neuankömmling innerhalb kürzester Zeit zum Schiedsrichter in Streitfragen erhebt. Gerade die Frauen einer Familie scheinen ein Faible dafür zu haben, potenzielle Schwiegersöhne bei harmlosen Tischgesprächen ins Messer rennen zu lassen. «Na, wie schmeckt dir der Kuchen von Tante Fanny?» kann eine solche Frage-Falle sein. Denn außer einem viel sagenden Lächeln sind alle Antworten gefährlich, wenn Tante Fanny etwa als schwarzes Schaf der Familie angesehen wird. Denken Sie speziell in heiklen Situationen daran, dass Frauen im Wesentlichen unterhalten, also weder sachlich informiert noch belehrt werden wollen! Mit Eloquenz, Charme und Witz können Sie punkten, während Sie mit trockenen Argumenten verlieren. Merken Sie sich im Umgang mit den Frauen einer Familie ein paar wichtige Dinge:

> Von der Mutter Ihrer Liebsten bis zur Uromi werden Sie weitaus genauer nach dem äußeren Erscheinungsbild beurteilt als etwa vom Vater oder Bruder. Die Schwester wird sofort über Ihre abgebissenen Fingernägel referieren, die Tante Ihren Geruch bemäkeln, die Cousine bemerken, dass Sie die Blumen nicht frisch gekauft haben.

> Mütter achten besonders bei Tisch darauf, wie Sie ihre Tochter behandeln. Wehe, wenn Sie Ihre Pommes Frites vertilgen, ohne den leeren Teller Ihrer Liebsten zu sehen – schwerer Fehler!

> Schweigen hilft Ihnen nur gelegentlich. Legen Sie sich lieber einen netten Plauderton und nette Anekdötchen zu! Frauen werten Ihr Schweigen schnell negativ. Dreiste Schwätzer, die Mama oder Omi zum Lachen bringen, stehen besser da, auch wenn Mütter großen Wert auf Seriosität legen.

> Lassen Sie sich nie und nimmer von einer Mutter dazu verführen, sich kritisch über die Tochter zu äußern! Nicken Sie nicht einmal, wenn sich Frau Mama über die Verschwendungssucht ihrer Tochter beklagt.

> Vermeiden Sie gut gemeinte Ähnlichkeiten mit dem Vater! Ab einem gewissen Alter möchten viele Frauen keine Zweitausgabe ihres Mannes in der Familie. Versuchen Sie also nicht die Mutter Ihrer Liebsten zu beeindrucken, indem Sie die politischen Ansichten des Vaters lautstark übernehmen oder dessen Vorliebe für rohe Zwiebeln.

Auch wenn es Ihnen erforderlich erscheint, eine Frau «aus den Fängen» ihrer Familie zu befreien, sollten Sie in romantischen Augenblicken lediglich davon reden, doch keine Heldentaten planen. Arrangieren Sie sich lieber mit dem Unvermeidlichen. Kann sein, dass Sie irgendwann sogar Gefallen an den Sippen-Spielchen finden – oder aus der Distanz mehrerer Whisky-Becher die freundliche Resignation des Vater verstehen …

Mamma mia! – WIE FINDEN SIE DIE RICHTIGE FÜR IHRE ZUKÜNFTIGEN KINDER

Solange Sie an Spielplätzen und Parkbänken vorbeispazieren können, ohne verstohlene Blicke in den einen oder anderen Kinderwagen zu werfen, solange Sie die Mini-Turnschuhe von Nike und die Baby-Overalls bei H&M nicht in Verzücken versetzen, dürfen Sie sich glücklich schätzen. Ihr Schicksalstag beginnt vielleicht mit einem harmlosen Besuch in einem Supermarkt, wo Sie einen Jungen nach einer Spritzpistole greifen sehen. Sie werden die Spritzpistole näher betrachten, dann den Jungen, und ein wenig später machen Sie vielleicht einen ausgiebigen Rundgang in der Spielwarenabteilung. Uuiih! Die Action-Figuren würden Ihnen mächtig gefallen, die neuen Chemiekästen und all jene Dinge, die es in Ihrer Jugend noch nicht gab. Plötzlich sind Sie zu alt für die schönen Sachen, die Sie jetzt eigentlich erst richtig begreifen könnten. Und schon macht Ihr liebes Hirn den entscheidenden Gedankengang: «Ich würde wahnsinnig gern den gelben Elektro-Kinderjeep ausprobieren. Schade, dass ich den nie hatte. Wenn ich Vater wäre, würde ich meinem Sohn den sofort schenken.» Garantiert drängt sich just in jenem Augenblick eine kleiner Bursche mit seinem Daddy vorbei – hinein ins Paradies aus Plüschgetier und Abenteuerwelten. Nun ist er da, der Kinderwunsch, der Future-Sohnemann, die Eintrittskarte ins Himmelreich der Spiele. Aber zwischen Ihnen und dem großen Glück steht entweder eine Partnerin, die keine Kinder haben will, oder eine Leere, die mit der richtigen Frau zu füllen wäre.

Traurig, aber wahr: Die Frau fürs Leben ist noch lange nicht die beste Mutter Ihrer Kinder, denn eine Frau, die Ihnen die angenehmste Gesellschaft bietet, ist prinzipiell erst einmal ideal für Sie. Mehr nicht. Eine gute Mutter erkennen Sie leider erst im (täglichen!) Umgang mit den (eigenen!) Kindern. Folglich können Sie einfach keine Prognosen stellen, wie sich Ihre Partnerin als Mutter fühlen und verhalten wird. Da entpuppt sich manchmal die deklarierte Kinderfeindin als Inbegriff der Löwenmutter, während die süße Kindertante an Ihrer Seite beim eigenen Sohnemann völlig versagt. Der Kinderwunsch einer Frau sagt nicht das Geringste darüber aus, wie angetan sie später von dem kleinen Menschen sein wird. Die seltsamen Schrei-Puppen, die mancherorts als Training und Test für zukünftige Mütter in Gebrauch sind, lassen nur erahnen, wie stark das Nervenkostüm der Dame sein könnte. Folglich werden Männer immer ein wenig im Dunkeln tappen, wenn sie sich auf die Suche nach einer potenziellen Mutter begeben. Da Männer es nicht vordergründig oder zumindest bewusst darauf anlegen, eine Partnerin nach ihren Mutter-Qualitäten auszuwählen (oder doch??), müssen sie sich aufs Glück, den Instinkt oder den bescheidenen Verstand verlassen.

Die Wissenschaft macht uns weis, dass uns die Triebe genau zur richtigen Partnerin steuern – in Hinblick auf Vermehrungschancen. Eigentlich ließe sich die passende Mami also per Gen- und Psychotest finden. Aber lustig wird's doch erst, wenn man zuerst einmal den Trieben gehorcht, dann dem Verstand und schließlich dem Schicksal.

Die Triebe würden den Mann zu ganz passablen Partnerinnen führen:

Jung genug, fett genug, anders genug, um eine gentechnisch optimale, gut versorgte Brut zu sichern. Immer der Nase und dem Schwanz nach (wie schön, dass der vorne ist!). Sie würden auf leicht mollige Fräuleins treffen, mit tadelloser Haut, langen, glänzenden Haaren, prallen Brüsten, annähernd symmetrischen Zügen und prächtigen Lippen. Frauen, die dem Steinzeithirn hohe Fruchtbarkeit signalisieren, sind zwar noch lange keine Urmütter, doch alle Frauen mit der optimalen Hormonmischung lieben Sex. Sex macht glücklich, hält jung, ist Grundbedingung für den Nachwuchs (einstweilen noch), und zufriedene Frauen sind freundlich zu ihren Kindern (solange sie sie nicht vom Sex abhalten). Ausgewogenheit im Hormonhaushalt sorgt überdies für ein stabiles Nervenkostüm, das man eigentlich als Grundbedingung der Mutter in spe ansehen müsste. Ein leichtes Ungleichgewicht – und schon büßen die armen Kleinen, werden für Nichtigkeiten angebrüllt und kassieren vielleicht sogar Ohrfeigen, bevor Mami zu heulen anfängt.

Würden Sie allein den Reizen nachgeben, die das Testosteron in

Ihrem Körper brodeln lassen, würde Ihre Wahl – rein biologisch gesehen – gar nicht schlecht ausfallen. Kleine Ausrutscher, bedingt durch kosmetische Manipulation und Alkoholeinfluss, wären verzeihlich angesichts der Tatsache, dass Sie vorwiegend Frauen aussuchen würden, die Sie lange Zeit in Kopulationslaune halten dürften. Damit stiegen die Chancen auf erfolgreiche Nachzucht ungemein. Und es käme etwas sehr Interessantes dabei heraus. Die Natur in uns zeigt eine Vorliebe für die ultimative genetische Panscherei, sprich: Wären wir weniger kopflastig, würden wir uns den Gegensätzen hingeben, die uns anziehen. Aber so tanzen eben die Schokohäschen in den Köpfen der Milchbuben, wenn sie das Milchmädchen zur Mutter machen, während wenigstens ein paar Italiener saisonal der Gier nach blonden Schwedinnen folgen.

Der Verstand gibt Ihnen vor der wichtigsten Wahl Ihres Lebens einige gute Hinweise:

> Die Mutterrolle bedeutet für jede Frau Verzicht auf einen Großteil der persönlichen Freiheit. Je drastischer der Unterschied zwischen dem bisherigen und dem künftigen Leben Ihrer Partnerin ist, desto ausgeglichener müsste ihre Persönlichkeit sein. Einfacher: Suchen Sie sich nicht gerade eine reizbare Dame für Ihre Zwecke aus, die soeben auf den Geschmack von Ruhm und Weltenbummlerei gekommen ist! Einer echten Karrierefrau kann auch das beste Kindermädchen nicht aus dem Dilemma Beruf versus Familie helfen.

> Meiden Sie weibliche Egomanen! Sie werden mit dem Kind nie die Freude haben, die sie gern einfordern würden.

> Eine praktische Veranlagung, ein gewisser «Pfadfinderinstinkt», der die Familie sicher durch das ärgste Chaos führt, ist besser als eine rein intellektuelle Gabe. Kinder warten nicht gerne, bis Mama die passenden Kochbücher studiert hat.

> Vergessen Sie sofort jene Frauen, die kein Blut und keine Körperausscheidungen jeglicher Art sehen können! Solche, die bei einem halb vollen Stadtrucksäckchen schon über Kreuzschmerzen klagen, solche, die mit zwanzig die erste Fettabsaugung für nötig halten, solche, die lebenslang ausschlafen wollen, und auch jene, die mangelnde Intelligenz durch Hysterie auszugleichen suchen.

> Perfektionisten und Kinder machen sich wechselseitig das Leben zur Hölle. Verkneifen Sie sich den Kinderwunsch bei Damen, die

Ihnen ständig die Krawatte richten, hinter der Putzfrau nachpolieren und zum Abschminken mehr Zeit brauchen als eine Drag-Queen.

> Humor und ein fröhliches Naturell sind die absolut besten Voraussetzungen, denn ein eher schweres Gemüt erhellen Sie keineswegs durch Kinderlachen. Im Gegenteil: Kinder sind kein Mittel gegen Sinnkrisen, Einsamkeit oder Leerläufe in Beziehungen! Aber eine glücklich-lockere Grundhaltung verhindert manchen Nervenzusammenbruch.
> Achten Sie bei der Dame Ihrer Wahl auf Herzlichkeit und Großzügigkeit und werden Sie misstrauisch bei Anzeichen von Neid und Knauserigkeit.
> Ein böses Ärztebonmot lautet: «Lehrerin ist eine Diagnose». Vielleicht sollten Sie sich ein wenig an Ihre Schulzeit erinnern, bevor Sie einer überforderten Pädagogin zur Karenz verhelfen.

Die wenigsten Frauen – und Männer – wissen überhaupt, worauf sie sich mit einem Kind einlassen und welche Grenzgänge sie erwarten. Ein Kind verwandelt nicht nur Ihr Leben, sondern auch Ihre Frau, körperlich, psychisch und in ihren Anschauungen. Freilich müssen Sie nicht davon ausgehen, dass Sie Ihre Liebste plötzlich nur mehr am Fingerabdruck erkennen. Noch weniger nützt Ihnen sozusagen eine weit vorausschauende Wahl (bloß ein superdünnes Genie mit vierundsechzig Zähnen, denn Frauen werden dick, stumpfsinnig und verlieren ein paar Zähne, wenn sie ein Kind bekommen!). Die Mendel'schen Erbgesetze helfen Ihnen ebenfalls nicht besonders viel, sollten Sie es darauf anlegen, Ihr Talent zum Reimeschmieden endlich mit dem nötigen Intellekt zu paaren oder Ihre klein geratene Gestalt durch eine besonders groß gewachsene Dame auszugleichen. Das könnte sehr danebengehen. Dann schenkt Ihnen Mutter Natur womöglich einen kleinen Dichter von kleinem Geist – oder eben einen großen Wurstverkäufer.

Lassen Sie einmal die Damen Ihres Herzens Revue passieren, und stellen Sie sich vor, wie diese oder jene mit angekleckertem XL-Shirt, zwölf Kilo Mehrgewicht und einer plärrenden Klette auf der Hüfte aussehen würde bzw. ausgesehen hätte. Kinderwunschgeplagte setzen nämlich oft gedanklich die Geschichten der TV-Werbung fort und laben sich an Bildern von glücklichen Familien, wo es mit Papi und viel Joghurt blitzeblank ins Wochenende geht, Mami im Gras vom Goldlockenkind plus Schmetterling umringt ist, der

Hund noch jede Menge Platz in der Familienkutsche findet ... Und über allem schöne Musik. Behalten Sie diese Bilder gut im Gedächtnis und kramen Sie die zauberhaftesten Augenblicke Ihrer Kindheit hervor, denn sie werden Ihnen Halt geben, wenn ringsherum das Chaos wütet. Machen Sie sich darauf gefasst, dass Ihnen anstelle der Werbejingles zwei Jahre lang Spieluhrengedudel an die Ohren und die Nieren geht, dass viel Joghurt über Ihre Hose rinnt, gerade wenn Sie ins Wochenende aufbrechen wollen, dass das Goldlockenkind samt Schmetterling genau dort im Gras landet, wo Mami einen Kuhfladen sichtet, und der Hund zwischen Gepäckbergen im Auto auf die Brötchen sabbert. Nur so viel zu Ihren Tagträumereien, die Sie wahrscheinlich auf der Suche nach der passenden Frau begleiten werden.

Ein bisschen realistisch dürfen Sie auch sein, wenn Sie das Alter Ihrer Herzensdame in Betracht ziehen. Freilich ist es längst kein Thema mehr, dass Frauen mindestens bis zum Klimakterium Mutterfreuden genießen können. Doch allzu lustig wird es Ihr Junior nicht finden, Mami abwechselnd auf der Geburtenstation und der Geriatrie zu besuchen. Allerdings sollten Sie auch wissen, dass ein höherer Bildungsgrad Ihrer Liebsten – rein statistisch gesehen – fast eine Garantie für eine «späte» Mutterschaft ist. Das kann durchaus bedeuten, dass diese Damen wenigstens wissen, was sie wollen, und nicht zwischen Windeln und Weltherrschaft hin- und hergerissen werden. Leider gilt für die meisten Frauen, und speziell für die mit guter Ausbildung, dass die beste Zeit für Kinder just die beste für die Karriere ist. Je weniger Sie bereit sind, Ihrerseits Opfer für das künftige Familienleben zu bringen, desto weniger sollten Sie eine Frau in den Spagat Kind / Karriere drücken. Ein Kinderwunsch impliziert noch lange keine heimliche Absage an berufliche Pläne, und die Zufriedenheit der jungen Mutter erweist sich oft als hormonbedingtes Gaukelspiel. Suchen Sie sich für Ihre Babypläne entweder eine Partnerin, die zwischen Vor- und Hauptwaschgang nicht nach dem Sinn des Lebens fragt, oder eine, die beim Bügeln von Geistesblitzen erfasst wird! Vorsichtshalber sollten Sie vielleicht eine etwaige Suchtgefährdung Ihrer Liebsten ausschließen. Der Frust, die tägliche Kommunikation auf Zweisilbler zu beschränken, könnte verheerende Folgen haben. Nicht etwa, dass Mami zur Flasche greifen würde, um besser zu lallen. Nein, sie könnte süchtig auf TV-Serien werden, die Maßstäbe für Familienidyllen setzen!

Den Rest können Sie dem Schicksal überlassen. Kinder gedeihen in geordneten Verhältnissen ebenso wie im künstlerischen Chaos. Sie freuen sich aber mächtig, wenn die Zahl der mütterlichen Nervenzusammenbrüche auf ein Minimum beschränkt bleibt. Schließlich gibt es da ja noch einen Papi, dessen psychische Standfestigkeit ebenfalls zu überprüfen wäre …

Muss man Kinder mögen?

Eines Tages passiert es sogar dem ärgsten Casanova, der sein Handy, seinen Terminkalender und seinen Schwanz perfekt im Griff hat und – vor allem – sofort klarstellt, dass er keine Kinder mag. Gerade bei der Lady, die seinen sexuellen Träumen noch das Sahnehäubchen aufsetzt und ihn, so denkt er, wahrscheinlich lebenslänglich und wortwörtlich ans Bett fesselt, gerade bei ihr, dem Gegenstück des Haus- und Muttertiers, fährt es ihm urplötzlich in Herz und Hirn und aus dem Mund: «Ich wünsch mir ein Kind von dir!» Und tatsächlich ist der Wunsch echt, sitzt tief und hat nichts vom Komplimentcharakter eines flockig-leichten Heiratsantrags. Schlimm, denn jetzt hockt der Triebspecht in der Falle, weil man einen Heiratsantrag ohne weiteres zurücknehmen kann («Was sagt man nicht alles, wenn man besoffen ist!»), einen solchen jedoch nicht. Dem entkäme man nur mit Flucht (Verzicht auf die Traumfrau, oje), unmöglicher Abstinenz oder heimlicher Sterilisation, was ausgerechnet die vehement ablehnen, die sich am lautesten zur Kinderlosigkeit bekennen. Also bleibt dem Ärmsten nichts anderes übrig als die schrittweise Gewöhnung an das Unvermeidliche, schließlich weiß man, dass der verhängnisvolle Satz eine höchst erotisierende Wirkung hat. Der Kinderfeind wird mit Schrecken den Wandel seines gelenkigen Betthasen zum schwerfälligen, milchtriefenden Koloss mit ansehen und heimlich sagen, dass nur ein armer Künstler, ein Pathologe oder ein halblustiger Viehzüchter eine pralle Schwangere schön finden kann. Er rätselt über die Ästhetik von verfärbten Brustwarzen und Krampfadern und freut sich, dass sein Bier- oder Gasbauch folglich auch ganz nett sein müsste. Mit Eifer stürzt er sich in einschlägige Lektüre, stellt sich den Sohn an seiner Seite vor, die hübsche Tochter beim ersten Ball …

Und wenn das alles nichts hilft? Wenn er gar keine Lust hat, seinem Sohn das Fliegenfischen beizubringen, wenn er bei der Betrachtung von süßen Kinderkleidchen nicht in Verzückung verfällt, Kinderspielzeug eher seinen Neid erweckt und er partout nicht vergessen kann, dass ihm der hartnäckigste Feind seines Kontos ins Haus steht? Ein junger Husky reißt ihm eher das Herz heraus als der zahnlose nackte Zwerg. Der elende Geruch nach Milch und Babypuder, der die Wohnung junger Eltern kennzeichnet! Muss man breiverschmierte Gesichter mögen bei einer unbeherrschbaren Geräuschkulisse? Wirklich? Ihm ist einfach nicht nach Speichel und anderen menschlichen Absonderungen außerhalb der erotischen Phasen. Und worin soll das Glück nach all der Überwindung liegen? Dass die Knirpse schön gewandet nach der Suzuki-Methode die Geigen malträtieren, lässt ihm keine Tränen in die Augen schießen. Wie lieb, wenn der kleine Windelträger wieder einmal auf die Nase fliegt! Da müsste er einen Rollstuhlfahrer, der die Bordkante falsch erwischt, auch herzig finden. Macht der Anblick von Tollpatschigkeit glücklich, entzückt die geringe Größe, wirkt das Kindchenschema oder ist es die Faszination der Entwicklungsschritte? Ihm sind Zwerge wurscht, großer Kopf und kleine Schnauzen auch, er hat weder die Ambitionen eines Pädagogen noch eines Verhaltensforschers, er hat keine Lust, irgendjemandem etwas beizubringen, mit einem Achtjährigen ums Fernsehprogramm zu streiten, dämliche Spiele zu spielen, allen Dingen einen Namen und eine Funktion zu geben, und überhaupt ist es ihm egal, wer seine Rente zahlen wird. Die Einsamkeit im Alter schreckt ihn angesichts seines Bankkontos, seiner Leidenschaften und seines heiteren Gemüts wahrlich nicht.

Was für ein schlechter Mensch! In welch guter Gesellschaft! Noch bis vor kurzem waren die Kinderfeinde nahezu identisch mit den viel bewunderten Kreativen dieser Welt. Doch dann hat Madonna uns allen gezeigt, wohin zu viel Sex führt, und wie toll das ist. Kinderfeinde haben's schwer. Wie sollen sie sich outen, wenn die Zeichen der Zeit die Schnullerform angenommen haben? Und meist ergeht es ihnen wie den Katzenfeinden: Sie ziehen ihre Nervtöter magisch an. Ein Kinderfeind bekommt bei seiner Bahnreise mit Sicherheit eine allein erziehende Mutter mit drei Monsterzwergen ins Abteil, und tapfer lächelnd muss er zusehen, wie sich der Abfallbehälter an die tausendmal öffnen und schließen lässt, die Kopfstützen jedem Auf und Ab im Viertelstundenrhythmus standhalten und Mütter keinen Finger rühren, wenn wieder einmal dezente Mordversuche unter den Geschwistern auf dem Plan stehen. Echte Pechvögel unter den Kinderfeinden merken erst beim Aufhängen der Bilder in der neuen Wohnung, dass der Nachbar ein fanatischer Pädagoge mit mindestens neun Sprösslingen ist. Kaum hat der Kinderfeind sein Mountainbike in Sicherheit gebracht, weiß er, welch herrliche Akustik ein Innenhof beim Ballspielen bietet – sonntags um halb acht … Und der freundliche Lehrer verwickelt ihn noch in Gespräche über staatliche Familienförderung!

Heutzutage ist es geradezu lebensgefährlich, sich auch nur annähernd kinderfeindlich zu geben. Eine kleine Bitte, das Mountainbike doch nicht in Einzelteile zu zerlegen, kann ungeahnte Folgen haben: Die beleidigten Nachbarskinder schlüpfen in ihre Tarnanzüge, nehmen den Feind ins Visier und zeigen, dass ihr Spielplatz der Schießplatz war. Kinder sind radikal, besonders im Umgang mit ihren – vermeintlichen – Feinden. Schön, dass dies immer noch die Pädagogen sind, wie in der guten alten Zeit.

«So bleiben Sie ein Mann – ohne den Heldentod zu sterben»

Das Herz, der einsame Jäger

«Ohne sie (die Frau / Freundin / Partnerin) wäre ich bestimmt einmal durch Amerika getrampt, hätte ich den Job auf den Färöer-Inseln angenommen, würde ich nicht auf einem abgewetzten Beamtensessel und einem Berg Schulden sitzen, müsste ich nicht die Survival-Messer im Obstgarten verwenden und beim Kluburlaub in der Türkei den Affen machen ...» So fangen fast alle Männer einmal zu sinnieren an, wenn viele Träume, zu denen die Partnerin noch begeistert genickt hat, schneller ausgeträumt waren, als der Ehering am Finger steckte. Das Leben kennt keine Gnade mit Verliebten, für die die Zeit anders gemessen werden müsste: Raus aus dem Hochzeitskleid, rein in den Umstandskittel, und schon schwinden mit dem wachsenden Windelberg die alten Hoffnungen auf Abenteuer.

Was Frauen oft in jähe Depressionen stürzt, ist für Männer nicht minder bitter: die Erkenntnis, dass die Welt an der Seite des Partners nicht so aussieht, wie man anfangs dachte, und – noch schlimmer – der Partner ebenfalls nicht das hält, was einem die Liebeshormone vorgegaukelt haben. Während Frauen vielleicht schon beim Stillen davon träumen, von einem neuen Mann auf Händen getragen zu werden, statt einen quäkenden Sechzehnpfünder durch die Gegend zu schleppen, taucht sicher in manchen Männerköpfen eine unendliche Weite auf, in die sie gern abdüsen würden. Und weil Liebende ein besonderes Gespür für die Gedanken des Partners entwickeln, versuchen dann die einen Frauen mit wechselndem Erfolg die frühere Sexfigur wiederzuerlangen, die anderen mit Romantikfilmen die Sehnsucht auszulagern. Manche Männer wollen mit kleineren oder größeren Bastelarbeiten das Herz der Hausfrau an den Herd binden, andere mit finanziellen Seiltanzeinlagen die Stimmung aufhellen. Letzteres hat aber neben wenig erfreulichen Anrufen des Bankdirektors noch andere, psychische Konsequenzen: Die katilinarische Existenz eines Mannes gebiert zwangsläufig Phantasien vom ungebundenen Leben, und oft übertönt der Lockruf der Wildnis den Staubsauger oder Solveigs Alarmschrei. Dann rücken die Gebirgsketten Alaskas so nah, dass es eigentlich nur noch der Schritt zum Zigarettenautomaten ums Eck wäre, der einen vom großen Abenteuer trennt... Wohl dem, der einen Rest von Mut und eine Kreditkarte hat! Pech für jene, die sich damit begnügen müssen, sich einzubilden, das Moos im Vorgarten wäre die Tundra vor dem Dengali und der Schuppen mit der Grillkohle die Blockhütte im Yukon Territory. Das Herz eines Mannes kann weit wandern, wenn die Füße ihn doch nicht bis zum Zigarettenautomaten tragen!

Frauen hingegen stehlen sich in ihren Träumen manchmal nur in die Wohnung ihres Ex, um die Rivalin im Bett zu vertreiben, oder ins Auto eines Unbekannten aus der Kassenschlange des Supermarkts, der so riecht, als wäre er der Luxusdusche entstiegen und könnte ein Leben mit Villa und Meerblick bieten. Die wenigsten Frauensehnsüchte haben Abenteuercharakter und den Charme der Seefahrerträume. Frauen, die der Frust gepackt hat, sehen sich nicht an einem Strand Ausschau nach fernen Landen halten, sondern nach einem netten Gutsbesitzer. Meist sind die Ziele noch ein wenig banaler (Erlebnis-Shopping in Begleitung eines Nackenküssers etc.).

Im klassischen Männertraum taucht erst dann eine Frauengestalt auf, wenn sich die Blase füllt oder der Verstand komplett verabschiedet, denn viele Männer neigen zur Verallgemeinerung und denken sich nach entbehrungsreichen Jahren der Partnerschaft: «Nur mehr allein nach Katmandu!» Lediglich die ganz Gemeinen lassen im Traum die etwas aus den Fugen geratene Figur der Partnerin auf Modellmaße schrumpfen und experimentieren mit unterschiedlichen Köpfen und Hinterteilen aus dem Repertoire ihrer Ex-Geliebten. Die Fälle, in denen survivalerprobte Sekretärinnen in die Wildnisträume eines braven Ehegatten rutschen und seinen Büroalltag ein wenig durcheinander bringen, sind selten, aber gefährlich. Denn sobald das Herz nach anderen Herzen jagt, kann es dem Verstand suggerieren, nicht Katmandu, sondern Kathi wäre der Ausgangspunkt der nächsten Gipfelsiege. Und dann werden harmlose Alpinträume blitzartig zu Albträumen. Das Teuflische an der

Sache ist, dass sich Sehnsüchte nach Schlittenhundefahrten und Dschungeltrips zum Beispiel mit einem Blick auf die letzte Telefonrechnung innerhalb von Sekunden in Nichts auflösen, während sich die Bilder von Kathi auf der Matratze hartnäckig halten. Wie dem auch sei, Fernweh oder Frauenwechsel, das Herz, das eine Sehnsucht birgt, leidet und driftet ohne Gegenmaßnahmen einem Tiefpunkt zu, der in der schlimmsten aller Fragen endet: «Was mach ich hier?»

Nun können Sie weiterwursteln wie bisher (Garten-Survival und / oder heimlich Kathis Nummer wählen) und damit einen Herzinfarkt riskieren, der Sie wahrscheinlich für den Rest Ihres Lebens in die Vorgarten-Tundra verbannt. Dem Ruf des Herzens Folge zu leisten, ist wahrlich keine einfache Sache. Noch dazu beizeiten und nicht erst dann, wenn ohnehin die Natur zugeschlagen und der Verwirklichung der Träume Grenzen gesteckt hat. Dem einsamen Jäger in unserem Innern muss man hie und da einen Hasen gönnen, wenn schon keinen Elch! Wenn es Ihnen also weder gelingt, Ihre Partnerin von der Schönheit oder eben Notwendigkeit eines Wildnisurlaubs zu überzeugen, noch zu einem Tauschhandel zu überreden (eine Woche Lachsfischen gegen hundert Wochen Staubwischen), sollten Sie sich zu einem geheimen Ausbruch aufraffen. Dann beginnt das Abenteuer eben schon beim diskreten Erwerb eines Flugtickets und der Erfindung all der erforderlichen Alibis, Ausreden und Ortsangaben. Und wenn Ihnen schon nicht die Konfrontation mit einem Grizzly den Schweiß auf die Stirn treibt, schwitzen Sie täglich beim Gedanken, Ihre Freunde könnten sich verplappern und verraten, dass Sie nicht in einer Psychoklinik mit Besuchsverbot liegen. Aber der Triumph, der Triumph, im Augenblick einer erfolgreich absolvierten Geheimmission! Sie werden sich kugeln vor Lachen, sobald sich die Anfangsnervosität gelegt und Ihre Partnerin keinerlei Verdacht geschöpft hat! Das Bedauern, dass Sie sie nicht teilhaben lassen können am Genuss eines selbst gefangenen Lachses (den die Freunde verspeisen), wird der Freude weichen, endlich einmal keine Rechenschaft schuldig gewesen zu sein über jämmerliche Tagesabläufe und sich einen Traum erfüllt zu haben. Zuweilen wird Sie freilich der unbändige Drang erfassen, Ihrer Partnerin Ihre heimliche Heldentat zu gestehen, aber das ist das geringere Übel, verglichen mit der Möglichkeit, dass sich in Ihnen ein anderer Gedanke regt: Ihrer Partnerin ebenfalls die Verwirklichung eines Trau-

mes zu erlauben. Und da Frauenträume leider nicht so sehr mit Lachsen zu tun haben, könnten starke Zweifel in Ihnen wach werden. Was, wenn Ihre Partnerin Ihnen mit dem Trick zuvorgekommen ist? Was, wenn Sie schon längst den Nackenküsser kennt? Verbieten Sie sich solche Gedanken, sonst dürfen Sie erst gar nicht den Gelüsten des heimlichen Jägers nachgeben!
Das Einzige, was Sie tatsächlich aus der Bahn werfen kann, ist die Eventualität, dass Sie nach unsäglichen Schwierigkeiten und Opfern endlich am Ziel Ihrer Wünsche, dem Yukon Territory, angelangt sind, das funkelnagelneue Survivalkit auspacken und im ersten Dauerregen die schlimmste aller Fragen stellen: «Was mach ich hier??»

Die Frau im Kopf und die im Bett

Von klein auf verfolgen Männer die Spur zu ihren Traumfrauen. Nach der ersten Enttäuschung, dass weder Mami noch Schneewittchen zu haben sind, werden sie ein bisschen realistischer und wenden sich den diversen Covergirls zu, bevor sie sich dann mit der Sandkastenliebe oder der Freundin der Schwester begnügen, weil sie sicher sind, die andere, reizvollere Dame doch nicht zu bekommen. Dann sitzen sie mit der «Patentlösung» in Form einer passablen Hausfrau, eines guten Kumpels oder einer «Allzeit-bereit»-Schmusetante im Wohnzimmer herum und wundern sich über mancherlei Beschwerden psychosomatischer Natur, besonders aber über den dramatischen Lustabfall, für den man gute Erklärungen wie berufliche Überlastung, minderjährige Quälgeister und ausstehende Rechnungen parat hat. Auf längeren Flügen oder einsamen Autostrecken, wenn kein Geplapper mehr die tiefen Gedanken stört, tauchen aber früher oder später Gespenster auf: alte Lieben, um die man sich hätte besser kümmern müssen, Zufallsbekanntschaften, deren Telefonnummer man gewissenhaft entsorgte, Nachbarinnen, Kolleginnen, Namenlose und solche, die den Namen Ihres besten Freundes tragen.
Traumfrauen erfüllen einen wunderbaren Zweck: Sie turnen im Kopf eines Mannes herum, bis seine Libido einen recht angenehmen Pegel erreicht und er sich – wie könnte es anders sein – der

Nächstbesten widmet, nämlich seiner Partnerin (meistens). Für manche Männer kann es unglaublich stimulierend wirken, die Frau im Kopf zu rufen, für andere wird es sogar zum Sinequanon beim pflichtbewussten Minnedienst. Vielleicht lieben etliche von ihnen den starken Kontrast, der schon ans Absurde grenzt, etwa wenn sie ihren orgiastisch piepsenden Hefekloß in der Missionarsstellung auf Touren bringen, während sie in der Vorstellung schwelgen, das Temperament einer schwarzen Sexgöttin nach Gorilla-Art zu meistern. Oh oh, wie schön für Sie, sollten Sie in der Lage sein, Ihre Phantasien zielgerecht zu nützen!

Schwierig wird die Situation erst in dem Augenblick, in dem die Frau in Ihrem Kopf die Züge Ihrer Ex-Geliebten oder die einer Dame in näherer Umgebung trägt. Das Gedächtnis spielt uns oft einen bösen Streich und ersetzt die schlechten Erinnerungen an eine Frau durch jene von fabelhaftem Sex mit der betreffenden Person. Zuweilen geht der Spuk so weit, dass die wildesten Bettszenen just mit jener Dame besetzt werden, die nicht mehr von sich gab als die Einwilligung zu keuschen Küssen. Experten reinigen und beruhigen unser übles Gewissen, indem sie uns versichern, dass Sex-Abenteuer mit der wilden Frau im Kopf kein Verrat an der Partnerin, sondern im Gegenteil dem Liebesleben höchst zuträglich wären. Aber die Hirngespinste erweisen sich nicht selten als gefährliche Amouren. Sie ähneln außerehelichen Geliebten, die immer mehr darauf drängen, Eingang ins Alltagsleben des Mannes zu finden, um vielleicht sogar einmal der Frau an seiner Seite gezeigt zu werden. Die Damen im Kopf fangen ebenso an, irgendwann mehr Aufmerksamkeit und Präsenz zu fordern, und können sich von Elfen in Biester verwandeln, die nichts anderes im Sinn haben, als den vermeintlichen Jagdtrieb eines Mannes aufs Äußerste zu reizen. Oft warten sie einen günstigen Zeitpunkt ab und schlagen dann zu, wenn etwa die wirkliche Partnerin ein wenig im Off gelandet ist – schwangerschaftsbedingt, durch eine Laune des Terminkalenders oder einen anderen gemeinen Zufall. Vielleicht auch, wenn der Kontrast zwischen Phantom und Frau im Bett nicht mehr lustig, sondern peinlich empfunden wird.

Bis ein Mann allerdings zur Tat schreitet und versucht, die Frau aus seinem Kopf in sein Bett einzuladen, muss schon sehr viel passieren. Virtuelle Welten sind bekanntlich der kindlichen Spielneigung eines Mannes eher gelegen als die Konfrontation mit weiblicher

Realität, die ja doch schwer fassbar erscheint. Aber die Frau im Kopf kann schneller in das wirkliche Leben eines Mannes hineinspazieren, als dieser es für möglich hält. Sie braucht nur die Ex, die Nachbarin oder die Frau des besten Freundes zu sein und im richtigen Moment zu lächeln. Von nun an beginnt ein aussichtsloser Kampf gegen eine immer mächtigere Versuchung. Und eines Tages ist sie da: Die Frau aus dem Kopf mitten im Bett. Vorsichtshalber haben Sie natürlich nicht alles auf eine Karte gesetzt (man weiß eben nie, wie weit man Hirngespinsten oder Ladys aus dem Chatroom trauen soll …) und die vormalige Bettbelegung nur zeitweilig verbannt. Doch gerade das wird Ihnen zum Verhängnis werden, denn jetzt sitzt jene in Ihrem Kopf, während Sie gerade die ersten Früchte Ihre waghalsigen Transaktion genießen möchten. Und zwei Frauen, die nur zu real sind, als dass sie sich mit einem Fingerdruck wegbeamen ließen, haben schon manchen Mann den letzten Nerv gekostet. Bevor Sie sich also in ein heilloses Dilemma stürzen, machen Sie reinen Tisch und beachten Sie ein paar Dinge:

> Eine Ex-Geliebte, die Sie im Bett zu diversen Höhenflügen animiert hat, behält immer einen schönen Platz in Ihrem Herzen bzw. Ihrem Kopf. Lassen Sie sie dort, bis sie von einer anderen abgelöst wird! Alles andere bringt nichts als Verwicklungen mit bösen Folgen.

> Nur in der Phase der größten Verliebtheit sind die Frau in Ihrem Kopf und jene in Ihrem Bett identisch. Sie sollten deshalb noch lange keine Versuche starten, mittels Alkohol oder anderer Substanzen Phantasiegestalt und Partnerin zu verschmelzen. Kernfusion.

> Wenn Sie schon unbedingt Ihren Träumen nachjagen müssen, lassen Sie keine Penelope im Bett zurück! Jäger sollten kein Problem mit der Einsamkeit haben.

> Der größte Reiz geht immer von Frauen aus, mit denen man keinen Sex (mehr) haben kann – vorausgesetzt, sie erfüllen auch sonst einigermaßen die optischen Wunschvorstellungen. Geben Sie sich diesem Reiz restlos hin! Wenn Sie intelligent sind, entfernen Sie sich dabei nur wenige Zentimeter von Ihrem Arbeitsplatz …

Für all jene, denen die Frauen im Kopf die Wirklichkeit zur öden Qual machen, die sich aber auch nicht zum ewigen Jäger berufen fühlen, bieten sich wunderbare Möglichkeiten: Traumfrau einscannen, stylen – und ab in den besten Cybersex. Ist das nicht herrlich? So können Sie noch als Uropa mit Ihrer Jugendliebe vögeln, bis das Kunstleder knirscht, und Schüler können ihre Lieblingslehrerin vernaschen. Und vielleicht werden Sie feststellen, dass schon eine Frau zu viel Platz in Ihrem Bett beansprucht. Na, dann machen Sie sich breit und träumen Sie schön!

Ausgetrickst - WIE MAN FRAUEN AUSNÜTZT, STATT DER BIG SPENDER ZU SEIN

Kaum ein Vorwurf trifft einen liebenden Mann so tief wie jener, sich wie ein Geizhals zu benehmen. Und umgekehrt ärgert es einen Verlassenen ungemein, wenn er feststellen muss, von seiner Liebsten weidlich ausgenommen worden zu sein. Selbst wenn Männer im Fall einer Trennung oft mit einem Hechtsprung in die vermeintliche Freiheit stürzen und großherzig auf diverse Einrichtungsgegenstände oder in unzähligen Bastelstunden gefertigte Vogelhäuschen verzichten, fangen sie spätestens dann an, sich über ihre vorschnelle Gebergeste zu ärgern, sobald eine neue Partnerin in ihr Leben tritt und auch ein wenig nach Komfort verlangt.
Den meisten Männern blutet schon das Herz, wenn sie sich gegen dreiste Forderungen ihrer Liebsten zur Wehr setzen sollen. Sie werden wahrscheinlich nie die gänzliche Umkehrung des Spiels erfassen. Darum werden Männer, die sich darauf verstehen, einen erheblichen Gewinn aus der Beziehung zu Frauen zu ziehen, ohne deswegen den Status eines Heiratsschwindlers zu erlangen, immer in der Minderheit bleiben oder eben einen schlechten Ruf genießen. Dabei zeugt es nur von Intelligenz und Geschicklichkeit, die positiven Seiten einer Frau für das eigene Wohl zu nutzen, besonders wenn dies ziemlich unbemerkt geschieht.
Viele Frauen tragen ihre Hilfe und Einsatzbereitschaft einem Partner lange Zeit an, ohne irgendeine freundliche Reaktion zu erhalten. Aus Frust verlegen sie sich eben auf die eher utilitaristische Grundhaltung. Und viele Männer wiederum lehnen instinktiv gerade solche Frauen ab, die den kameradschaftlichen oder fördernden Aspekt in den Vordergrund stellen. Die umgänglich-kumpelhaften Frauen sind meist die, die bei der Partnersuche benachteiligt sind, und werden häufig die Opfer von jenen schlauen Kerlen, die

längst erkannt haben, wie gut es sich bei solchen Frauen hausen und schmausen lässt. Aber auch die so genannten Prinzessinnen sind keineswegs gefeit vor Erfahrungen mit gewitzten Nutznießern. Aber warum fällt es den meisten Männern derart schwer, sich von der Rolle des Big Spenders ein bisschen zu entfernen und einmal zu schnuppern, wie es anders wäre? Die notwendigen Schritte sind leicht nachvollziehbar:

- Tauchen Sie ruhig als potenzieller Märchenprinz auf und lassen Sie keine Zweifel aufkommen, dass Sie die Wahl haben.
- Zeigen Sie sich von Ihrer charmanten und großzügigen Seite, aber merken Sie schnell an, dass Sie Frauen nicht leiden können, die einen Mann zum Überleben brauchen.
- Suchen Sie sich eine Frau, die sich in irgendeiner Weise Ihnen unterlegen oder dafür dankbar fühlt, von Ihnen auserkoren zu sein, z. B. die weniger attraktive «Zofe» einer offensichtlichen «Prinzessin», eine Frau im beklagenswerten Alter zwischen 35 und 50, ein Mädchen, das sich in einer Gesellschaft deplatziert vorkommt, etc.
- Sie können den «Kumpelfaktor» sofort austesten, indem Sie die Auserwählte um den einen oder anderen Gefallen bitten, der einer Macho-Rolle recht gut steht. Lassen Sie sich ein wenig bedienen, chauffieren, massieren etc.
- Wenn sich Ihre Liebste kein bisschen unterlegen fühlt, zögern Sie nicht, Sie mit einer kleinen Beleidigung (oje, es muss leider dieser fiese Untergriff in heikle Zonen sein) ein wenig zu irritieren! Sie selbst hingegen nehmen jedes Kompliment mit einer geradezu sträflichen Selbstverständlichkeit an.
- Pflegen Sie Ihren Egoismus und eine gewisse Launenhaftigkeit! («Jetzt will ich nicht gestört werden!») Die «Prinzenrolle» steht jedem Mann gut und hat nichts mit seinem Aussehen oder seiner Karriere zu tun.
- Suchen Sie gezielt den «Schwachpunkt» Ihrer Partnerin. Dort, wo sie schnell beleidigt reagiert, und dort, wo sie in Wonne versinkt, liegen Ihre Chancen! Seien Sie also aufmerksam und ein tadelloser Liebhaber – der allerdings nicht immer zur Verfügung steht.
- Zeigen Sie Ihrer Partnerin ab und zu, dass Sie prächtig ohne sie zurechtkommen und eigentlich genauso viel Spaß mit Ihren Freunden haben können.

- Erwarten Sie einfach, dass gewisse Dinge für Sie getan werden (z. B. der Haushalt geführt, die Zehen gekrault etc.), weil Sie es nicht anders gewohnt sind! Lassen Sie sich auf Debatten über Partnerschaftlichkeit gar nicht ein, sondern sagen Sie nur, dass Sie in Zukunft alles selbst tun werden und niemanden nötig haben.
- Machen Sie von vornherein klar, dass Sie nicht auf symbolische Geschenke oder Gutscheine stehen, und beweisen Sie edlen Geschmack.
- Überlegen Sie, in welcher Form Sie eigentlich von Ihrer Partnerin profitieren wollen! Abgesehen von materiellen Dingen, können Sie großen Nutzen aus sozialen Strukturen ziehen, für die Frauen bekanntlich eine echte Gabe besitzen, Ihr Wissen erweitern (nicht nur auf sexuellem Gebiet; und wenn es sich um eine eher mäßig intelligente Person handelt, zumindest Verhaltensforschung betreiben) oder sich von allzu aufwühlenden Abenteuern erholen.

Natürlich ist es verwerflich, die Liebe einer Frau auszunützen, um in den Genuss von allerlei Wohltaten zu kommen. Das Spiel wird auch nicht von allzu langer Dauer sein, wenn die Partnerin ihre Würde einbüßt. Aber mancher Prinzessin schadet's nicht, einmal nach König Drosselbarts Manier behandelt zu werden. Und wenn Sie als Flegel akzeptiert werden, welch herrliches Leben erwartet Sie als netter Mensch! Falls Sie der Wandel überhaupt noch interessiert …

Ringkampf – WIE MAN SICH ERFOLGREICH VOR DER EHE DRÜCKT, OHNE DIE PARTNERIN ZU VERLIEREN

Sie haben den Mai überstanden, ohne der Frühjahrsmüdigkeit erlegen und im Hafen der Ehe gelandet zu sein? Zehnmal «Titanic» gesehen, mit der tränenüberströmten Partnerin das Kino verlassen, und trotzdem kein Heiratsversprechen zwischen zerknüllten Taschentüchern und leeren Popcorntüten, geschweige denn eine Blitzhochzeit im Haifischkäfig zu verantworten? Prima! Dann haben Sie die wohl gemeinten Ratschläge wirklich nicht nötig. Oder kommen sie schon zu spät, und es ist Ihnen nicht mehr zu helfen?? Vielleicht holen Sie eine Videokassette, sehen sich «Titanic» an

und träumen davon, wie Ihre Partnerin im Meer versinkt ... Wie dem auch sei, die Hochzeit ist ein immens heikler Punkt in einer Beziehung, und es darf niemanden wundern, wenn viele Menschen keine rechte Lust verspüren, eine Liebe mit dem Trauschein in Gefahr zu bringen. Sie wären überglücklich, eine Heirat nicht zum Diskussionsgegenstand machen zu müssen, und würden am liebsten weiterlieben wie bisher, hätte der Partner nicht andere Pläne.
Frauen werden sich wahrscheinlich weniger mit diesem Thema befassen, denn welche außerhalb der Klatschspalten wird hartnäckig mit Heiratsanträgen verfolgt? Na ja, im Kindergarten, im Tanzkurs oder im Seniorenheim kommt es zu solchen Situationen. Doch ganz allgemein muss sich «frau» ziemlich darum bemühen, noch rechtzeitig vor der Menopause unter die Haube zu kommen und gar den Traummann an die Leine zu legen, bevor er zum Sandmännchen mutiert. Folglich werden sich viele Männer in der grässlichen Lage befinden, dass die Herzensdame einen Heiratsantrag offensichtlich erwartet oder selbst ausspricht, und das gerade dann, wenn es eigentlich nicht mehr notwendig wäre. Jene Frauen aber, denen wirklich nichts an einem schlichten Ring – anstelle von hochkarätigen Karfunkelsteinen – an ihrem Finger liegt, sind entweder realistisch genug, ihre Heiratsaussichten auf ein Minimum zu beschränken, weil sie nicht gerade Sharon Stones Antlitz haben. Oder sie sind raffiniert genug, sich den vergnüglichen Seiten des Lebens zu widmen, weil sie Sharon Stones IQ überbieten (die hat bekanntlich geheiratet). So bleiben nur jene, die die fröhliche Zeit vor der Ehe noch ein wenig hinauszögern wollen, denn geheiratet will fast jede werden, und sei es nur, um der besten Freundin eins auszuwischen, die – wie denn sonst – erfolglos und kinderlos als alte Jungfer übrig bleiben muss.
Wie drückt man sich also vor der drohenden Ehe?

Selbst-Immunisierung

Jeden trifft einmal der schreckliche Moment, wo er sich dabei ertappt, gegen seine schärfsten Prinzipien zu verstoßen. Auch der hartnäckigste Junggeselle, die kühnste Ehefeindin verfällt zuweilen romantischen Ideen. Ganz gefährlich sind Augenblicke bei einem vorzüglichen Essen, außergewöhnlichem Sex, mäßigem K... genuss und – Weihnachten (oder allem zusammen). Solche irreführenden Stimulanzien sollten Sie grundsätzlich meiden. Also: Gewöhnlicher Sex bei einem mittelmäßigen Essen zu Weihnachten ohne «Schnee», wie immer. Halten Sie sich stets das fürchterlichste Szenario eines Ehealltags vor Augen! Besuchen Sie zu diesem Zweck recht oft die Nachbarn oder die eigene Familie! Sie müssen wissen, was Sie wollen und was Sie erwartet. Für eine Frau bedeutet die Ehe, sofern man Statistiken glauben darf, ein erhebliches Gesundheitsrisiko. Psychosomatische Erkrankungen, besonders Migräne und Depressionen, nehmen zu. Außerdem leidet die Karriere. Männer hingegen scheinen von der Ehe zu profitieren, da die Frauen sie zu einem gesünderen Lebenswandel zwingen. Weniger Vergnügen, dafür besseres Essen (als beim Bund). Aber: In der Ehe verlieren die Männer an Testosteron. Sie werden zahm und lahm. Der Jagdtrieb beschränkt sich auf den Kühlschrank. Am besten kleben Sie sich ein hübsches Bild eines garstigen Familienfestes auf Ihren Spiegel – und vis à vis eine Postkarte Ihrer Trauminsel oder ein Foto Ihres Idols! Denken Sie in großen Zeiträumen, etwa wie Sie in zwanzig Jahren sein werden, und ob Ihr Partner dann noch zu Ihnen passt! Gehen Sie davon aus, dass Ihnen möglicherweise Ihre Traumfrau erst begegnen wird! Tragen Sie für solche Eventualitäten stets den Reisepass und die Scheckkarte bei sich, und zelebrieren Sie täglich Ihre Freiheit, indem Sie beim Verlassen des Hauses der Vorstellung huldigen: Dies könnte für immer sein … «Aufbruch» sollte Ihr Lebensmotto bleiben.

Zählen Sie auf Ihre Mutter

Ein probates Mittel, einen allzu heiratslustigen Partner ein wenig abzukühlen, ist ein unangemeldeter Besuch im Haus der eigenen Eltern, bei dem jene erst im Wohnzimmer erfahren sollten, dass es sich um den «Antrittsbesuch» handelt. Das löst einen heilsamen Stress aus, wenn nicht schon die ursprüngliche, ungestellte Familienidylle – Mama beim Bodenwischen, Papa im Pyjama, Oma ohne Zähne – die nötige Wirkung erzielt. Und dann können Sie sich ganz auf Ihre Mutter verlassen. Richtige Mütter vergraulen jede potenzielle Schwiegertochter, und sie erzählen bestimmt die passenden Dinge über einen selbst, um bei der Partnerin die nötigen Zweifel aufkommen zu lassen, die eine Heirat nicht mehr wirklich erstrebenswert machen.

Allerdings gibt es Menschen, die kein Schauermärchen abschrecken kann und die sich im Gegenteil noch dazu berufen fühlen, den geliebten Partner durch eine Heirat aus und vor dieser Familie zu retten. Das müssen Sie eben einkalkulieren. Im Notfall verlegen Sie sich darauf, einen Elternteil komplett zu imitieren und tägliche Besuche in Aussicht zu stellen.

Zerstören Sie romantische Augenblicke

Heiratsanträge kündigen sich wenigstens ein paar Minuten zuvor an, sodass einem aufmerksamen Beobachter genügend Zeit bleibt, den Antrag im Ansatz abzuwehren – oder die Flucht zu ergreifen. Wenn jemand im herrlichen Mai die Pracht der Bäume lobt, sagen Sie, wie hübsch sich Vampirfledermäuse (zum Beispiel das «Greisengesicht») in Bäumen machen, und schildern Sie ausführlich die Eigenheiten der Maikäferlarven! Küche und Bad sind gefährliche Orte, dort tauchen sehr oft romantische Stimmungen auf. Also lassen Sie Ihre Augen die Armaturen fixieren, und sinnieren Sie über Installateurbetriebe und Rohrbrüche! Dasselbe gilt für Kinobesuche, bei denen Sie zu tragischen Liebesfilmen oder solchen mit aufwendigen Hochzeitsszenen gezwungen werden. Wählen Sie einfach einen komplett unwichtigen Charakter, erklären Sie ihn zu Ihrem Liebling und übersehen Sie den Rest! Wenn Schaufensterbummel immer häufiger vor den Auslagen eines Juweliers enden, vermeiden Sie grundsätzlich Debatten über Ringe – versteifen Sie sich einzig und allein auf Uhren! Für Gespräche, die in Richtung «Ich möchte mit dir den Rest meines Lebens verbringen» gehen, halten Sie einen Satz wie «So ein Sch…» bereit – gepaart mit dem charmantesten Lächeln, das Sie bieten können!

Stellen Sie sich einfach taub

Sobald ein unerwünschter Heiratsantrag in der Luft hängt, sollten Sie den Geräuschpegel im Raum tunlichst erhöhen, indem Sie eventuell den Staubsauger einschalten, oder einen Ortswechsel vornehmen. Im Straßenlärm geht fast alles unter, und Heiratsanträge werden ungern wiederholt. Wenn es die Situation erlaubt, geben Sie sich massiv angeheitert, schwerhörig mit anfallsartigen Kopfschmerzen oder urplötzlich grundlos schlecht gelaunt! Anspielungen ignorieren Sie am besten so lange, bis sie allzu deutlich werden. Dann kontern Sie mit derart verworrenen – todernsten – Gedankengebilden, dass Ihre geistige Gesundheit infrage gestellt wird!

Meiden Sie Hochzeiten und heiratswillige Freunde

Es ist ein alter Hut, aber Hochzeiten wirken tatsächlich ansteckend. Wenn Sie schon nicht anders können, dann gehen Sie hin und spielen den gelangweilten Beobachter! Nichts, aber schon gar nichts darf Ihnen gefallen! Mäkeln Sie am Brautkleid, dem sinnlosen Firlefanz, der vorgegaukelten Eintracht der Familien herum, und bitten Sie um zukünftige Schonung! Heiratswillige Freunde werden nur allzu gern zu Ehestiftern, und frisch Vermählte entwickeln geradezu einen missionarischen Eifer, um alle anderen ins Ehejoch zu locken. Seien Sie auf der Hut! Vielleicht gewöhnen Sie sich stattdessen an, mit überzeugten Singles, mehrfach Geschiedenen und Ehegeschädigten zu verkehren. Weisen Sie stets auf die gescheiterten Ehen in Ihrem Bekanntenkreis hin, und betonen Sie gleichzeitig, wie glücklich Sie in der Partnerschaft sind, so wie sie ist.

Treten Sie aus der Kirche aus

Heiratsfanatiker träumen immer von einer kirchlichen Trauung, weil die standesamtliche Zeremonie niemals so romantisch ist. Am schönsten präsentieren sich ja immer noch die Trauungen in katholischen Kirchen – mit allem Drum und Dran. Sobald Sie nicht mehr dazugehören, können Sie eine Trauung schnell und «ungewollt» vermeiden. Einem neuerlichen Kircheneintritt stimmen Sie aus Prinzipientreue nicht zu, und Kirchen betreten Sie einfach grundsätzlich nicht. Lassen Sie sich auf keinen Kompromiss ein, sonst werden Sie in Papua-Neuguinea von einem Missionar getraut!

Zeigen Sie sich von Ihrer schlechtesten Seite – außer im Bett

Wer zum Heiratsopfer erkoren wurde, unterliegt stündlich den Prüfungen für die Alltagstauglichkeit. Wenn Sie also nicht gleich vor dem Standesamt landen wollen, lassen Sie Ihren Launen ihren Lauf! Gebärden Sie sich wie ein verzogener Fratz, und vor allem unberechenbar! Geben Sie sich originell bis an die Grenze des guten Geschmacks, benehmen Sie sich in der Öffentlichkeit ziemlich daneben, aber bleiben Sie im Bett phantastisch!

Zu einer Einladung im Familienkreis wählen Sie am besten Kleidungsstücke, die Sie im wahrsten Sinne des Wortes bloßstellen: Vergessen Sie zum Anzug die Socken, oder greifen Sie zu einer transparenten Hose! Und erzählen Sie den potenziellen Schwiegereltern ungeniert Ihre sexuellen Wunschträume! Das garantiert Ihnen die Ächtung der Familie, während Ihre Partnerin schon aus Trotz zu Ihnen halten wird. Im Grunde ist dies der normale Künstlerstatus.

Spielen Sie «Outlaw»

Zeigen Sie Ihrer Partnerin, wie lustig Sie es finden, sich von keinerlei Gesetz und Vorschrift gebunden zu fühlen, das wird sie zumindest eine Zeit lang davon abhalten, Ihrer Beziehung eine «rechtliche Grundlage» zu geben! Sie müssen ja nicht gleich selbst fabrizierte Geldscheine in Umlauf bringen oder den Schrebergarten Ihrer Schwiegereltern in spe mit allzu viel Schlafmohn verunstalten. Für den Anfang reichen kleinere Gesetzesübertretungen wie gewohnheitsmäßiges Schwarzfahren, Schwarzsehen usw. Solange Sie gut im Bett sind, werden Ihnen derlei Späße vergeben. Und Sie können sich an die Regel halten: Anarchisten werden geliebt, aber nicht geheiratet.

Verloben Sie sich

Nichts wirkt so massiv gegen eventuelle Heiratsanträge, als wenn Sie sie selbst formulieren. Bedrängen Sie Ihre Partnerin förmlich, fallen Sie ihr richtig lästig mit Ihren Liebesschwüren und Heiratswünschen! Verstreuen Sie Heiratsanträge so großzügig und unbesonnen wie der Faschingsprinz Konfetti! Und da eine Verlobung keinerlei ernsthafte Folgen hat – Geschenke retour, das ist alles –, können Sie sich bedenkenlos dazu entschließen. Sie dürfen sich getrost darauf verlassen, dass eine Verlobung der längste Umweg zu einer Heirat ist. Eine Zehnjahresfrist schinden Sie damit locker heraus. Dann ist das Ärgste schon überstanden und eine Heirat so etwas Ähnliches wie das Gnadenbrot für ausrangierte Rennpferde.

Ja, und wenn dies alles nichts fruchtet? Wenn der Mai zwar ohne Folgen bleibt, dafür der Herbst die Sehnsucht nach ehelichem Glück beschert? (Sind es die letzten Kartoffeln auf dem Feld oder die Autounfälle im Nebel, die solche Gefühle wecken?) Wenn die Partnerin nicht locker lässt? Dann ergeben Sie sich!!! Es könnte Ihr Glück sein. Na also.

Stichwortverzeichnis